Selbstverwaltung und Autonomie.

Von

Dr. Rudolf Slawitschek,
k. b. Landes-Vizesekretär in Prag.

Herausgegeben mit Unterstützung der Gesellschaft zur Förderung deutscher Wissenschaft, Kunst und Literatur in Böhmen.

Leipzig,
Verlag von Duncker & Humblot.
1910.

Vorwort.

Meine „Beiträge zur öffentlich-rechtlichen Begriffskonstruktion“[1] habe ich mit dem Vorbehalt geschlossen, die darin angezeigte Methode baldigst in praktischer Anwendung zu erproben. Das soll nun zwar in der vorliegenden Arbeit geschehen, ist jedoch keineswegs Selbstzweck derselben. Um dies ganz deutlich zum Ausdruck zu bringen, habe ich im folgenden nicht nur jede ausdrückliche Beziehung auf die zitierte Abhandlung vermieden, sondern auch das hier zur Anwendung kommende Verfahren in einer von jenen Ausführungen durchaus unabhängigen Weise abgeleitet (1. Abschnitt). Doch findet sich hier wie dort die gleiche Betonung bestimmter gedanklichen Übereinstimmungen innerhalb der allgemeinen Begriffsentwicklung bei scharfer Unterscheidung zwischen subjektiven und objektiven Begriffen. Daß die konsequente Berücksichtigung des letzteren Moments ihre Grundlage in der Methode der juristischen Schule hat, muß bei einem Schüler Ulbrichs, als der ich mich betrachten darf, wohl nicht erst erwähnt werden.

In der Sache selbst muß ich zu den Ausführungen des vierten Abschnittes nach zwei Richtungen hin aufklären: Es erschien einerseits notwendig, um den Vorgang der Begriffsentwicklung klar hervortreten zu lassen, auf die Berücksichtigung mancher Theorie zu verzichten und so der Übersichtlichkeit der Darstellung deren Vollständigkeit zu

[1] Beiheft Nr. 5 für die Mitglieder der I.V.R. (zum „Archiv für Rechts- und Wirtschaftsphilosophie“, Berlin, Januar 1910).

*

opfern. Anderseits mußte die Abgrenzung zwischen dem Thema des vierten Abschnittes und der, einer selbständigen Abhandlung vorbehaltenen Erörterung von Selbstverwaltung und Autonomie in Österreich Schwierigkeiten bereiten. Ich glaubte, aus sachlichen Gründen hier nur die unter dem direkten Einflusse des Frankfurter Parlamentsprogramms stehende Legislatur berücksichtigen zu dürfen, alles andere dagegen, insbesondere die Besprechung der wissenschaftlichen Theorie in Österreich und innerhalb derselben der interessanten einschlägigen Erörterungen in tschechischer Sprache für später aufsparen zu müssen.

Prag, im Mai 1910.

Dr. Slawitschek.

Inhalt.

		Seite
I.	Analyse des Problems und der Methode	1
II.	Das Recht der deutschen Städte des Mittelalters und die Theorie des eigenen Rechts	12
III.	Self-government, commune und pouvoir municipal	45
IV.	Die deutsche Begriffskonstruktion der Selbstverwaltung .	78
V.	Rückblick und Synthese	117

I.

Analyse des Problems und der Methode.

Selbstverwaltung und Autonomie sind in der populären Ausdrucksweise identische Begriffe, ja werden selbst von der seriösen Politik oft miteinander verwechselt. Auch die wissenschaftliche Theorie ist von diesem Fehler nicht immer frei gewesen. Dieser, auf politische Einflüsse zurückzuführende Irrtum ist heute längst überwunden, Selbstverwaltung und Autonomie sind als selbständige Funktionen eines Trägers konstatiert, welchen man allgemein als Selbstverwaltungskörper bezeichnet. Schon diese Nomenklatur charakterisiert genügend ein starkes Überwiegen der Selbstverwaltung gegenüber der Autonomie, welche Prävalenz sich aus dem geringeren Geltungsgebiet wahrer Autonomie erklärt. An diesem somit im Vordergrunde stehenden Begriff der Selbstverwaltung haben sich vielfache wissenschaftliche Konstruktionen, und zwar die längste Zeit in der Weise versucht, daß in diesen Begriff die Prinzipien und Grundgedanken der verschiedensten Institutionen, die man als selbstverwaltende ansah, hineingetragen wurden. Vergeblich mühte sich die spätere Doktrin alle diese, angeblich essentialen Begriffsmomente miteinander in Einklang zu bringen.

Vor mehr denn 25 Jahren hat es dann Rosin[1] unternommen, dieses Chaos einer Analyse zu unterziehen. Das

[1] „Souveränetät, Staat, Gemeinde, Selbstverwaltung" in den „Annalen des Deutschen Reichs" 1883.

Ergebnis seiner Forschung, das heute noch immer in unverminderter Bedeutung feststeht, bestand bekanntlich in der Zerlegung des Selbstverwaltungsbegriffs in einen politischen und einen Rechtsbegriff. So wenig befriedigend ein derartiges Doppelresultat auch erscheint, so hat man es doch dankbar hingenommen, weil man des langen Ringens in endloser Unklarheit müde war. Die Folgezeit hat an Rosins Ergebnis nichts Wesentliches mehr geändert, sondern hat es nur auszubauen versucht, im allgemeinen jedoch es als der Weisheit letzten Schluß angesehen.

Wenn aber auch eine Besprechung von Rosins Werk noch aus der neuesten Zeit[1] anerkennend hervorhebt, daß Rosins Untersuchung aus den Begriffen im wesentlichen alles herausgeholt hat, was sich auf dem eingeschlagenen Wege herausholen ließ, so muß sie doch konstatieren, daß es als gangbarer Weg zur Verständigung schwerlich erscheinen kann, wenn man „gerade hier den gemeinsamen Boden aller öffentlichen Institutionen verlassen und statt dessen zwei Begriffe nebeneinander stellen soll". Trotz dieser Erkenntnis versucht nun die zitierte Kritik keine Zusammenschweißung dieser zwei Begriffe, sondern begnügt sich mit dem, ungeachtet seiner negativen Form, höchst anerkennenswerten Resultate, daß nicht das Suchen nach einer juristischen Konkordienformel diesen Streit zu schlichten vermag. Wenn aber das nicht möglich ist, wenn ein einheitliches Prinzip hier immer nur eine Fiktion sein würde, was dann? Wenn hier in Wirklichkeit zwei heterogene Prinzipien aufeinander stoßen, dann bliebe nichts anderes übrig, als eine Änderung in der Nomenklatur vorzunehmen und den Erscheinungsformen des einen Prinzips den Namen „Selbstverwaltung" einfach abzusprechen und durch einen andern, erst zu kreierenden zu ersetzen. Das ist im Grunde

[1] Preuß, „Selbstverwaltung, Gemeinde, Staat, Souveränität" in der Festgabe für Paul Laband, Tübingen 1908.

genommen nichts Neues, sondern nur die letzte Konsequenz des Rosinschen Resultates, die im übrigen von ihm selbst bereits gezogen wurde [1]. Was eine praktische Durchführung dieser Scheidung in Wirklichkeit bedeuten würde, läßt sich jedoch gar nicht absehen, ja es frägt sich sogar, ob eine solche überhaupt realisierbar wäre.

Ist dies das materielle Resultat der geltenden Theorie, so erübrigt noch die Erörterung der Methode, welche zu diesem Ergebnis geführt hat. Diese wird wohl auch zeigen, auf welche Weise man zu jenem Doppelbegriff gelangt ist, was wiederum zu einer Richtigstellung der Methode führen dürfte. Zunächst sei festgestellt, daß das für das obige Resultat zur Anwendung gekommene Verfahren durch den Tatbestand bedingt war, welchen die ältere Theorie geschaffen hatte. Rosin und alle, die nach ihm den gleichen Weg gingen, mußten auf diesen kommen, weil sie zunächst die Sünden jener älteren Theorie gutmachen wollten. In die Fülle widerspruchsvoller Begriffsmomente sollte Ordnung gebracht werden, und das versuchte man in der Weise, daß man die Begriffsbestandteile in essentiale und akzidentale qualifizierte und die letztere Kategorie so weit wie möglich nahm, so daß schließlich nur zwei Momente blieben, die sich als ziemlich gleichwertig bewährten. Da eine Unterstellung des einen unter das andere ausgeschlossen schien, so stellte man sie einander äqual, und diese Gleichstellung führte zu dem oben geschilderten Begriffsdualismus. Was nun die Richtigkeit dieser Methode anbelangt, so muß vor allem bemerkt werden, daß die Unterscheidung zwischen essentialen und akzidentalen Begriffsmomenten immer eine subjektive sein wird, denn ein objektives Kriterium für die Wesentlichkeit gibt es einfach nicht. Wenn man freilich eine solche Distinktion nicht macht, dann bekommt man im

[1] a. a. O. S. 320.

gegebenen Falle eine ganze Reihe von mitwirkenden Faktoren, die man theoretisch als gleichwertig anerkennen muß.

Um unter diesen Ordnung zu schaffen, ohne sich selbst zum Richter über die Mehr- oder Minderwertigkeit der einzelnen Faktoren aufzuwerfen, erübrigt nur die von Jellinek[1] empfohlene Methode der Feststellung des Typus durch Isolierung des Objektes. Das, was man auf dem bisher begangenen Wege angestrebt hat, war ja auch die Bestimmung eines Typus, aber von so umfassenden Gesichtspunkten aus, daß das Resultat doch nur ein Idealtypus sein konnte. Über jenes Stadium der Rechtswissenschaft, welches solchen Zielen nachstrebte, sind wir aber doch seit langem hinausgekommen. Die Realistik der modernen juristischen Methode kennt auf dem Gebiete der allgemeinen Staatslehre nur Durchschnittstypen. Daß auch die Feststellung solcher nicht rein objektiv ist, steht außer Frage. Denn die Abgrenzung jenes Kreises von Einzeltypen, der die Grundlage für den Durchschnittstypus bilden soll, scheint ganz dem subjektiven Ermessen überlassen zu sein. Mit Recht warnt daher Jellinek vor solchen eigenmächtigen Experimenten, welche die hierzu notwendige Vergleichung zu weit ausdehnen. „Wer Staaten und staatliche Einrichtungen der verschiedensten Kulturstufen und der entlegensten Zeiten miteinander vergleicht, erhält entweder gar keine oder nur ganz farblose, jeder Bestimmtheit entbehrende Typen. Je weiter nämlich die Vergleichung getrieben wird, desto mehr individualisierende Elemente müssen vernachlässigt werden, desto weniger Erkenntnis wird also durch die Aufstellung des Typus gewonnen.“[2] Diese Warnung enthält gleichzeitig eine Direktive für eine verhältnismäßig objektive Grundlage zur Ausprägung von Typen mit dem Hinweis auf die verschiedenen Zeit- und Kulturstufen. Kritisch

[1] „Allgemeine Staatslehre“ (2. Aufl.).

[2] a. a. O. S. 35 u. 36.

wäre nur die Frage zu stellen, ob damit wirklich alle abgrenzenden Faktoren konstatiert sind. Jellinek ergänzt sich in dieser Hinsicht selbst im folgenden, wenn er (bei der Frage nach dem Staatstypus) die Aufstellung des Typus auf jene Staaten beschränkt wissen will, welche einen gemeinsamen geschichtlichen Boden haben. „Nur wo gemeinsame historische, politische, soziale Grundlagen vorhanden sind, wird sich eine weitgehende Übereinstimmung in Struktur und Funktion der Staaten nachweisen lassen“ [1]. Damit wären also, wenn auch in nicht ganz eindeutiger Form, zwei Prinzipien zur Ausprägung von Durchschnittstypen von Jellinek angenommen, einerseits Zeit- und Kulturstufen, anderseits historische, politische, soziale Grundlagen. Vielleicht war diese Unterscheidung in scharfer Gegenüberstellung von Jellinek nicht beabsichtigt, denn Tatsache ist es, daß er aus dieser doppelten Zusammenfassung keine Konsequenzen zieht. Und solche müssen gezogen werden, wenn in die ganze Sache System gebracht werden soll.

Aber wie in allen Fällen, wo ein solches Endergebnis beabsichtigt wird, muß zunächst nach Zusammenhängen gesucht werden, ehe man Distinktionen trifft. Und die Existenz solcher Zusammenhänge empfindet Jellinek sehr wohl, wenn er darauf hinweist, daß die Typen in den Fluß historischen Geschehens gestellt sind, daß sie nach den besonderen geschichtlichen Umständen variieren, sich komplizieren, sich in Arten und Unterarten spalten. Und er sieht infolgedessen geradezu eine neue Aufgabe der Wissenschaft darin, die Bahn zu bestimmen, in der sich die Um- und Ausbildung der einzelnen Typen bewegt [2]. Wenn aber jene Bahn wissenschaftlich überhaupt bestimmbar ist, dann muß sie offenbar auf eine gewisse Gesetzmäßigkeit herauslaufen.

[1] a. a. O. S. 36.
[2] a. a. O. S. 38.

Es ist bezeichnend, daß die moderne Geschichtsforschung — offenbar von ganz anderen Ausgangspunkten gegenüber sozialen Problemen ausgehend — zu demselben Resultat gelangt ist. Der Mitbegründer der materialistischen Geschichtsauffassung, F. Engels, sieht die Aufgabe der Geschichte schließlich darin, „die allgemeinen Bewegungsgesetze zu entdecken, die sich in der Geschichte der menschlichen Gesellschaft als herrschende durchsetzen“[1], und der „Überwinder“ des Materialismus in der Geschichte, Rudolf Stammler, hält jede genaue Einzelforschung für wertlos und zufällig, die „ohne abhängigen Zusammenhang mit einer allgemeinen Gesetzmäßigkeit“ sei[2].

Für die Feststellung dieser Gesetzmäßigkeit werden nun die oben angeführten Momente, also einerseits Zeit- und Kulturstufen, anderseits die Gemeinsamkeit historischer, politischer, sozialer Grundlagen wertvolle Dienste leisten. Ordnet man nämlich jene öffentlich-rechtlichen Einzelerscheinungen, welche Gegenstand der engeren Betrachtung sind, nach diesen Gesichtspunkten, so werden sich innerhalb der so gewonnenen Gruppen gewisse Übereinstimmungen ergeben. Da die Individualerscheinungen der ersten Gruppe im allgemeinen zeitlich nebeneinander, die der letzteren zeitlich nacheinander liegen, so haben wir also dort simultane, hier sukzessive Kongruenzen als Resultat. Zu diesem Ergebnis kommt im Rahmen seiner Lehre vom Typus auch Jellinek, wenn er sowohl Typen der nebeneinander, als der nacheinander existierenden Staaten und staatlichen Institutionen entstehen läßt und demnach zwischen Daseins- und Entwicklungstypen unterscheidet. Diese sind aber zweifellos Ergebnisse der Erfahrung, also nicht einer juristischen Konstruktion.

---

[1] „L. Feuerbach“, S. 43.

[2] „Wirtschaft und Recht nach der materialistischen Geschichtsauffassung“. Eine sozialphilosophische Untersuchung, S. 3.

Nun ist die Abgrenzung der hinter den beiden dadurch bezogenen Erkenntnismöglichkeiten stehenden Prinzipien des naturalistischen und des rechtsdogmatischen Denkens schon oft Gegenstand langwieriger Auseinandersetzungen gewesen. Während Max Weber bei seiner Kritik von Stammlers „Wirtschaft und Recht“ [1] „rechtsdogmatische Verfälschungen des empirischen Denkens“ abzuwehren sucht, kämpft Jellinek in seinem „System der subjektiven öffentlichen Rechte“ gegen den methodischen Synkretismus an [2]. Dagegen hat es aber auch niemals an Stimmen gefehlt, die ein einseitiges Festhalten, ob nun an der einen oder anderen Methode, und insbesondere eine rein formaljuristische Behandlung des Staatsrechts verurteilt haben [3]. Dieser letztere Standpunkt wird auch uns die Möglichkeit geben, von den auf empirischem Wege gewonnenen Daseins- und Entwicklungstypen den Übergang zur rein juristischen Betrachtung zu finden, indem wir aus dem praktischen Erfahrungsresultate im Wege der juristischen Konstruktion den abstrakten Begriff deduzieren werden.

Dieses Verfahren dem Durchschnittstypus gegenüber anzuwenden wird aber nicht angehen, ohne daß man sich vorher über den Vorgang der Begriffsbildung gegenüber der Einzelerscheinung klar geworden ist. Von einer öffentlichrechtlichen Institution sich auf Grund empirischer Wahrnehmung einen selbständigen Begriff zu machen, ist natürlicherweise niemandem verwehrt. In einen solchen Begriff trägt das Individuum selbstverständlich seine eigene Auffassung hinein, legt ihm seine eigene geistige Persönlichkeit zugrunde,

[1] Im „Archiv für Sozialwissenschaft u. Sozialpolitik“. 1907. S. 94 ff.

[2] 2. Aufl. S. 17.

[3] Gierke in der Zeitschrift f. d. ges. Staatswissenschaft B. XXX, ebenso Felix Stoerk, „Zur Methode des öff. Rechts“ (Wien 1885) und Affolter, „Rechtsbegriffe und Wirklichkeit“, Archiv f. öff. Recht XXII S. 410.

faßt ihn von seinem individuellen Gesichtspunkte auf, — kurz, der so entstehende Begriff ist rein subjektiv. Nun ist die Vorstellungswelt des Einzelnen für die Allgemeinheit regelmäßig bedeutungslos. Aber sie gewinnt an Bedeutung, wenn dieses Individuum eine wissenschaftliche Kapazität, ein politischer Wortführer ist. Viele Tausende, deren geistige Fähigkeit zu einer selbständigen Begriffsbildung nicht ausreicht, machen sich dessen Begriff zu eigen und stehen als geschlossene Masse hinter ihm. Vom juristischen Standpunkte bleibt dies aber nun vollkommen irrelevant, ob einen derartigen Begriff ein Einzelner oder Hunderttausende vertreten, — er bleibt dessenungeachtet ein subjektiver Begriff. Doch darf darum die öffentlich-rechtliche Bedeutung desselben nicht unterschätzt werden [1]. In mannigfacher Form, als wissenschaftliche Gutachten, als politische Programme wirken subjektive Begriffe an der Gesetzgebung mit und bilden so die Prämissen bei der Schöpfung des durch den formalen Vorgang der Gesetzgebung entstehenden objektiven Rechts. Dieses lernen wir wiederum auf dem Wege der Erfahrung kennen und erhalten so einen empirischen Begriff. Weil aber sein Gegenstand objektiven Wert hat, so ist dies ein objektiv-empirischer Begriff. Machen wir diesen nun zum Gegenstand juristischer Abstraktion, so gewinnen wir den juristischen Begriff im eigentlichen Sinne des Wortes im Gegensatze zu jenen juristischen Begriffsbildungen, welche einen subjektiven empirischen Begriff zur Grundlage genommen haben und daher auch selbst nur subjektiven Wert besitzen.

Wollen wir nun diesen Vorgang der Begriffsbildung in Zusammenhang bringen mit der Lehre vom Typus, so

[1] A. Lawrence Lowell: „Governments and Parties in Continental Europe" (Boston und Newyork 1896), vgl. hierzu besonders Ph. Zorn: „Zur Geschichte der Verfassungen und Parteien", Arch. f. öff. Recht XIII S. 253 f.

wird dies auf zweierlei Weise zu geschehen haben. Einerseits kann man den auf empirischem Wege gewonnenen Durchschnittstypus zum Gegenstande juristischer Abstraktion machen, anderseits kann man aus einer Reihe von juristischen Begriffen unmittelbar einen juristischen Durchschnittstypus ableiten. Bei gleicher Abgrenzung des Kreises von Einzeltypen als Grundlage zur Bildung des Durchschnittstypus muß man auf beiden Wegen zu dem gleichen Resultat gelangen, nämlich einem juristischen Begriff des Durchschnittstypus. Soll nun jener verhängnisvolle Fehler vermieden werden, der nur allzu nahe liegt und speziell bei der Ausprägung des Begriffs der Selbstverwaltung an der großen Verwirrung schuld ist, nämlich daß man den Begriff der Einzelerscheinung und den eines Durchschnittstypus miteinander vermengt und je nach Bedarf für das eine oder das andere ausgibt, so muß zwischen dem juristischen Begriff des Durchschnittstypus und dem der individuellen Einzelerscheinung scharf, womöglich schon im Namen, unterschieden werden. Ein darauf gerichteter Versuch wird wesentlich erleichtert werden, wenn wir die in der gleichen Richtung auf philosophischem Gebiete erzielten Resultate Kantscher Erkenntniskritik heranziehen. Kant unterscheidet zwischen dem durch die bloße Sinnlichkeit vermittelten Eindruck, der Anschauung und dem Verstandesbegriff, welcher dadurch entsteht, daß der Verstand das durch die Anschauung vermittelte Objekt ausdenkt. Zwischen den so gewonnenen, unendlich zahlreichen Verstandeserkenntnissen schafft nun die Vernunft mehr oder weniger umfangreiche Synthesen, Vereinheitlichungen von Verstandesbegriffen. Als das Ergebnis der Tätigkeit der Vernunft nennt Kant diese Vereinheitlichungen Vernunftbegriffe oder in Anlehnung an einen freilich in etwas anderem Sinne gebrauchten Terminus, Ideen. Durch diese Unterscheidung gewinnt Kant jenes Erkenntnisschema, das er selbst folgendermaßen charakterisierte: „So fängt denn alle menschliche Erkenntnis mit Anschauungen an, geht von da zu Begriffen und endigt mit Ideen.“ [1] Wollen wir diesen philosophischen Satz zur juristischen Formel umwandeln, dann bedarf es nur einer Restringierung der darin enthaltenen Bezeichnungen auf unser Spezialgebiet. Aus dem weiten Gebiet der Anschauung wird die empirisch gewonnene Vorstellung öffentlich-rechtlicher Institutionen herausgehoben werden müssen. Dadurch schränkt sich von selbst der Verstandesbegriff auf die juristische Abstraktion aus der ersteren, also auf den juristischen Begriff ein. Dadurch erfährt auch der Vernunftbegriff eine Einschränkung in der gleichen Richtung, er wird zur juristischen Idee. Als solche aber erscheint offenbar jene, oben abgeleitete juristische Abstraktion aus dem Durchschnittstypus, wobei der Vorgang der Ausprägung des letzteren als die für die Entstehung von Vernunftbegriffen charakteristische Vereinheitlichung von Verstandesbegriffen erscheint.

Rufen wir uns nun ins Gedächtnis zurück, daß wir mit Jellinek zwischen Daseins- und Entwicklungstypen unterschieden haben, je nachdem ob nebeneinander oder nacheinander existierende Staaten und staatliche Institutionen die Grundlage zur Ausprägung des Typus bilden und infolgedessen in diesem selbst eine simultane oder eine sukzessive Kongruenz zwischen den in Betracht gezogenen Einzelerscheinungen festgestellt wird. Dieser Umstand wird innerhalb der juristischen Idee um so mehr eine parallele Unterscheidung zur Folge haben, als gerade die Abstraktion die stärkste Hervorhebung einer vorhandenen Kongruenz bedeuten muß. Gibt es also einerseits Daseinstypen mit simultanen, anderseits Entwicklungstypen mit sukzessiven Kongruenzen, dann muß auch zwischen einer simultanen

[1] „Kritik der reinen Vernunft“, S. 730 (zitiert nach der 2. Aufl.).

und einer sukzessiven juristischen Idee unterschieden werden.

Mit diesen methodologischen Ergebnissen sei an das eigentliche Thema herangetreten. Die weitere Erörterung ist in der Weise gedacht, daß die in Betracht kommenden sukzessiven juristischen Ideen verfolgt und herausgehoben werden sollen. Die Darstellung der historischen Entwicklung der denselben zugrunde liegenden Typen wird den gleichzeitigen Nachweis der verschiedenen simultanen juristischen Ideen von selbst miterbringen. Diese Schilderung soll die einzelnen, uns geläufigen Begriffsmomente von Selbstverwaltung und Autonomie in ihrem mehr oder minder selbständigen Entwicklungsgang zeigen. Eine Zusammenfassung am Schlusse wird dieselben dann in ein System ordnen, in welches man jeden Einzelfall von Selbstverwaltung und Autonomie leicht eingliedern kann.

II.

Das Recht der deutschen Städte des Mittelalters und die Theorie des eigenen Rechts.

§ 1.

Eine Darstellung, welche die Entwicklungstypen und damit die immanenten sukzessiven Ideen einer öffentlich-rechtlichen Institution erfassen will, muß sich notwendigerweise auf historischer Grundlage bewegen. Das schwierigste einer solchen, besonders aber dann, wenn sie juristischen Zwecken dienen soll, ist die Frage ihrer Beschränkung auf das tatsächlich in Betracht kommende Gebiet. Wenn Jellinek[1] unter Hinweis auf den Zweckwandel vor einer allzu ausgedehnten historischen Darlegung wohl mit Recht gewarnt hat, so hat anderseits wieder das Bestreben nach Vermeidung dieses Fehlers nur allzu häufig zu dem entgegengesetzten geführt oder zum mindesten ein Stehenbleiben auf halbem Wege gezeitigt. Als Schulbeispiel hierfür kann die Darstellung Hatscheks[2] dienen, die den historischen Hintergrund zwar nicht ganz missen, aber doch nach den Worten des Meisters gebührend einschränken will. Um die historische Grundlage für seine Erwägungen zu gewinnen, schildert er das englische Local self-government des 18. Jahrhunderts, sodann die Kommunalverbände des

[1] a. a. O. S. 39.

[2] „Die Selbstverwaltung in politischer und juristischer Bedeutung" (Leipzig 1898).

ancien régime, die Reformpläne des Marquis d'Argenson und Turgots, zeigt die Bedeutung der constituante für Frankreich und auf dem Umweg über Belgien für Deutschland und schließt den historischen Teil seines Buches mit der Darlegung der konstitutionellen Doktrin und ihrer Korrektur durch die preußische Gesetzgebung. Hätte Hatschek hiermit nur den modernen Begriff der Selbstverwaltung entwickeln wollen, so wäre ein guter Teil des historischen Materials überflüssig gewesen. Wollte er uns darüber hinaus den Grundgedanken, die Idee der Selbstverwaltung zeigen, dann waren die von ihm gezogenen Grenzen entschieden zu enge. Die richtige Abgrenzung für das Zurückgehen in die Vergangenheit innerhalb einer Darstellung, die juristische Ziele verfolgt, ist erst durch den Grundsatz gegeben, daß die Geschichte nicht um ihrer selbst willen, als Selbstzweck, sondern nur von dem Gesichtspunkte und in dem Maße herangezogen werden darf, um unsere heutigen Einrichtungen verständlich zu machen.

Aber gerade da wird die in der Einleitung ausgeführte Unterscheidung zwischen empirischem und juristischem Begriff und in Konsequenz dessen zwischen Durchschnittstypus und sukzessiver Idee festzuhalten sein und diese wird uns insbesondere in Verbindung mit Jellineks Lehre vom Zweckwandel eine strikte Differenzierung der Darstellungsmöglichkeiten bieten. Wird eine Institution nach ihrer äußeren Form ohne Rücksicht auf die hinter ihr stehende Idee oder, wie Jellinek sagt, ihren Zweck behandelt, und daher in der Geschichte so weit zurückgegangen, als sich diese Institution rein formell nachweisen läßt, dann liegt eine rein soziologische Darstellung vor. Will man dagegen in Berücksichtigung der Lehre vom Zweckwandel in der Schilderung einer öffentlich-rechtlichen Einrichtung nur so weit in die Geschichte zurückgreifen, als dieselbe Träger der heute ihr zugrunde liegenden Idee war, dann ergibt dies eine juristische Darstellung, die sich mit den formalen Schranken soziologischer Erkenntnis abfindet. Schließlich aber kann von dieser formalen Abgrenzung gänzlich abgesehen, es kann die sukzessive juristische Idee ohne Rücksicht auf ihren Träger zum Gegenstande der Erörterung gemacht werden. Eine solche Darstellung wird als Anfangspunkt jene Zeit zu nehmen haben, wo sich zuerst die betreffende Idee nachweisen läßt, beziehungsweise, da ein solcher Nachweis nicht leicht fallen wird, jenen Zeitpunkt, wo sich zuerst Raum und Verwirklichungsmöglichkeit für die bezogene Idee findet. Und, um wiederum diesen Termin zu bestimmen, werden zunächst negative Feststellungen hinsichtlich der diesem Zeitpunkte vorangehenden Zeit zu machen sein. Gewiß wird gerade für eine derartige Darstellung die Warnung Sanders zu beherzigen sein, in verfassungsgeschichtliche Betrachtungen keine modernen Vorstellungen hineinzutragen.[1] Doch sei dabei nicht vergessen, daß eine sonst sehr wohlwollende Kritik dieser Bemerkung dieselbe dahin berichtigt hat, daß in Wahrheit viele uns heute ganz geläufige Unterscheidungen in einer früheren Zeit gar nicht existierten; und doch müßten wir gerade da die Analyse des Ungeschiedenen mit Hilfe des ausgebildeten begrifflichen Gegensatzes vollziehen.[2]

Wenden wir diese Ergebnisse auf das vorliegende Problem an, so wird wohl die Frage nach dem ersten Inslebentreten von Selbstverwaltung und Autonomie wesentlich durch das nachstehende Schema erleichtert: Sieht man von Völker- und Kirchenrecht ab, so muß der neben dem Staatsrechte im weiteren Sinne erübrigende Teil des öffentlichen Rechts Selbstverwaltungs- und autonomes Recht sein.

---

[1] P. Sander, „Feudalstaat und bürgerliche Verfassung" (Berlin 1906), S. 50.

[2] Gierke in der Zeitschrift für Rechtsgeschichte (Germ. Abt.) XXVIII S. 612.

Nun geht für das römische Recht, diese große Kodifikation der ganzen antiken Rechtsentwicklung das Staatsrecht im öffentlichen Recht restlos auf. „Publicum jus est, quod ad statum rei Romanae spectat," sagt Ulpian.[1] Bei dieser vollständigen Identität zwischen öffentlichem und Staatsrecht gab es einfach keinen Platz für Selbstverwaltung und Autonomie. Raum konnte da nur geschaffen werden durch das Eingreifen von dem römischen Recht direkt heterogenen Elementen. Und dies ist im Stadium des Verfalls des römischen Reichs durch das Eindringen des germanischen Rechts geschehen. Dieses kannte — für seine älteste, reine Form wird das wohl unbestritten feststehen — keinen Unterschied zwischen öffentlichem und privatem Recht, es war seiner Natur nach „einartig".[2] In diesem krassen Gegensatz zwischen römischer und germanischer Auffassung, in der durch die Verhältnisse gegebenen Vermischung dieser beiden Elemente lag die Möglichkeit eines Raumwerdens für eine Idee, die für das römische Recht gedanklich unmöglich, für das germanische überflüssig war. Darum muß dieser Zeitpunkt den Ausgangspunkt unserer Darstellung bilden. Sie wird sich zunächst mit dem Staatsgedanken jener Zeit befassen müssen, um dann an demselben „die Analyse des Ungeschiedenen mit Hilfe des ausgebildeten begrifflichen Gegensatzes zu vollziehen".[3]

§ 2.

Mit dem Zusammenstoß zweier Ideen soll sich die folgende Auseinandersetzung beschäftigen, genauer gesagt, mit dem Konflikt zweier sukzessiver Ideen höchster Kategorie, nämlich vom Staat und öffentlichen Recht überhaupt. Ist im früheren in Anlehnung an Jellinek für die suk-

---

[1] L. I. § 2. Dig. de justitia et jure. I. 1.

[2] Gierke, „Genossenschaftsrecht" und an anderen Orten.

[3] Vgl. oben S. 14 A. 2.

zessiven juristischen Ideen die Gemeinsamkeit der historischen, politischen und sozialen Grundlagen aufgestellt worden,[1] so werden sich dieselben speziell im vorliegenden Falle als gemeinsame nationale Grundlagen auffassen lassen. Demgemäß können die beiden in Erörterung stehenden sukzessiven Ideen vom Staat und öffentlichen Recht als nationale oder Volksideen bezeichnet werden.

Was zunächst das Römertum anbelangt, so ist es der mit virtuoser Konsequenz durchgesetzte Einheitsgedanke, der seine Staatsidee ausmacht. Rom war ein Stadtstaat wie die griechischen Republiken und ist es geblieben, auch als sein Gebiet zum allumfassenden Weltreich angewachsen war. Darin war seine äußerliche, territoriale Einheit begründet. Doch war sie auch innerlich mit derselben Klarheit ausgebaut. Der Römer kennt keine andere öffentliche Macht, kein Gemeinleben außerhalb des Staates,[2] es sei denn die Familie, dieses quasi seminarium rei publicae,[3] und diese war nur ein Bindeglied, um den Einzelnen in dem die Familien zusammenfassenden Staat aufgehen zu lassen. Ziehen wir noch das im vorigen Paragraphen angeführte Zitat aus Ulpian heran, so läßt sich die nationale römische Idee daher als eine auf territorialer Grundlage beruhende unbedingte Einheit alles öffentlichen Rechts bei gleichzeitiger vollständiger Identität desselben mit dem Staatsrecht bei scharfer Abgrenzung vom Privatrecht definieren.

Demgegenüber ist für die germanische Auffassung vor allem jene oben erwähnte Einartigkeit alles Rechts charakteristisch. Eine solche wird wohl ursprünglich bei allen Völkern vorhanden gewesen sein, wurde jedoch schon in einer vorgeschichtlichen Zeit überwunden. Bei den Germanen war sie noch zur Zeit ihres Eintritts in die Geschichte

[1] Siehe oben S. 5.

[2] G. Meyer, „Lehrbuch des deutschen Staatsrechts" 5. Aufl. S. 4.

[3] Cicero de off. I 17, 54.

vorhanden und zeigte noch lange später ihre Nachwirkungen. Dieses Recht „beruhte in der Stammeszugehörigkeit, trug also einen persönlichen und keinen territorialen Charakter".[1] Doch sind innerhalb dieses einartigen Rechts gewisse Schichtungen wahrnehmbar, welche die Wissenschaft verschiedenartig zum Ausdruck zu bringen versucht hat. So hat Ernst Mayer „mit Schärfe die beiden Faktoren der Verfassungsgeschichte zu trennen versucht, das öffentliche Recht und die Herrschaft".[2] Am besten erscheinen jene Schichtungen in dem System von Genossenschaften erfaßt, das Gierke konstruiert hat.

Diese zwei voneinander so weit verschiedenen Volksideen sind nun miteinander zusammengestoßen, indem die Germanen im römischen Reich eindrangen und so ihr persönliches Recht in das Gebiet des territorialen Rechts hineintrugen. Diese Tatsache mußte es notwendigerweise zur Folge haben, daß das ausgebildete das unentwickelte Recht beeinflußte. In welch äußerlicher Form das aber geschah, illustriert am besten die Art, wie die Germanen das römische Steuer- und Zollsystem übernahmen. Die Bedeutung, die das römische Finanzwesen für die mittelalterliche Staatsorganisation hat, ist durch diese bloße Tatsache klar. Doch ist damit noch nicht die Frage beantwortet, ob diese Übernahme auch für die germanische Staatsidee von Wichtigkeit war. Gerade dieser Vorgang ist bezeichnend dafür, wie wenig die Übernahme einer römischen Institution identifiziert werden darf mit der Rezeption des derselben zugrunde liegenden Gedankens. Den Germanen blieb nach wie vor die Vorstellung eines eigenen, die Staatseinheit

---

[1] Schröder, „Lehrbuch der deutschen Rechtsgeschichte", 2. Aufl. S. 222.

[2] „Deutsche und französische Verfassungsgeschichte vom 9. bis zum 14. Jahrhundert". B. I. S. X.

finanziell repräsentierenden Vermögens fremd, die römische Finanzorganisation bedeutet ihnen nichts weiteres als eine Erweiterung der Privatwirtschaft des Königs, in welche sie eingefügt wurde. Dieser Einzelfall ist charakteristisch dafür, wie gering ein tiefergehenderer Einfluß der römischen Staatsidee auf die Bildung der neuen Verhältnisse war, wie fremd die selbstverständlichsten Gedanken der alten Welt der Wirklichkeit geworden waren, und wie man nur die äußere Form festzuhalten suchte, ohne die hinter ihr stehende Idee erfaßt zu haben.

Zwischen diesen beiden Volksideen stand aber eine dritte Macht, die, obgleich ihr Schwerpunkt auf metaphysischem Gebiete lag, doch eine riesenhafte reale Tätigkeit entwickelt hat, indem sie mit einem Feingefühl sondergleichen die besten, lebensfähigsten Gedanken selbst von ihr feindlich gegenüberstehenden Mächten zu ihren eigenen machte. Sie erfüllte damit eine Mission der Erhaltung von Kräften, deren Träger der eigenen Aufgabe nicht gewachsen waren, in einem Maße, wie es seinesgleichen in der Weltgeschichte nicht gibt. Eben darauf ist es zurückzuführen, daß ihre positive Tätigkeit mit den Realisierungen bald der, bald jener Volksidee zu verschwimmen scheint. Diese großartige Vermittlungsaktion zwischen den beiden Volksideen erfährt freilich insofern eine Einschränkung, als die Kirche sehr bald ein eigenes System staatlicher Zwecke und Funktionen aufstellte, das sich im bewußten, ja gewollten Gegensatz zur römischen Staatsidee befand und dessen Formulierung uns St. Augustinus gegeben hat. Indem derselbe „der civitas dei die civitas terrena gegenüberstellt, welche zwar nicht mit dem geschichtlich gegebenen Staate identisch ist, aber doch unverkennbar seine Züge trägt und diesen irdischen Staat für eine notwendige Folge des Sündenfalles erklärt, erscheint der Staat als ein Werk des Bösen, das auch dereinst am Ende aller Tage den Lohn der Sünde empfangen werde“ [1]. Nur dem im Dienste Gottes stehenden Staat gesteht er eine relative Berechtigung zu [2]. Doch diese Ansicht war keineswegs eine dogmatische und auch nicht die alleinherrschende. Es gab noch eine zweite Theorie, deren wichtigste Grundlage das biblische Königtum, im übrigen aber auch das römische Cäsarentum bildete, die in direktem Gegensatz den Staat für eine göttliche Einrichtung erklärte. „Dum dignitas imperialis“, schreibt Alcuin [3], „a Deo ordinata ad nil aliud exaltata esse videtur, nisi populo praeesse et prodesse, proinde datur a Deo electis potestas et sapientia, potestas, ut superbos opprimat et defendat ab improbis humiles, sapientia, ut regat et doceat pia sollicitudine subjectos.“ Und diese letztere Anschauung kommt praktisch sicherlich mehr in Betracht als die theoretisch-wissenschaftliche St. Augustins, schon darum, weil sie uns die Erklärung für den Standpunkt der Kirche gegenüber dem neuen karolingischen Imperium gibt. Die besondere Wichtigkeit dieser Ansicht liegt aber eben in ihrem Einfluß auf die Kernfrage der augenblicklichen Erörterung, auf die Bildung einer neuen Staatsidee, was in ihrer Verwandtschaft mit der germanischen Anschauung von dem göttlichen Ursprung alles adeligen und insbesondere königlichen Wesens seine Ursache haben mag. Abkömmlinge götterentsprossener Geschlechter sind es, welche sich germanische Könige nennen. Nach außen die Führung des Heeres, im Innern die Wahrung des Rechts sind ihre staatsrechtlichen Aufgaben.

Diese Einflüsse führen zu einer Differenzierung, indem

[1] Jellinek, „Allgemeine Staatslehre“, S. 165.

[2] Ohne ihm jedoch eine „in ihm selbst ruhende göttliche Bedeutung zuzugestehen“ (Gierke); vgl. Augustinus de civit. dei XV 4 17, XVI 17.

[3] Alcuin epist. 191 S. 671. Weitere Belege aus kirchl. Schriftstellern bei Waitz III S. 232 N. 3.

ein neues Königsrecht dem alten Volksrecht gegenübertritt. Der Gegensatz zwischen diesen beiden wird von der Kirche zugunsten des ersteren[1] entschieden, welche dem Königsrecht auch vielfach Momente der römischen Rechtsidee vermittelt. So wird von jenem auf diesem Wege die territoriale Rechtsgrundlage übernommen. Aber auch der römische Einheitsgedanke alles öffentlichen Rechts zeitigt seine Wirkung auf das Königsrecht und erzeugt so die Tendenz nach Verdrängung oder Aufsaugung der Volksrechte. Dazu war ein Eindringen dieses neuen Staatsgedankens in die breitesten Volksschichten und eine diesem Zwecke dienende Organisation nach unten notwendig. Im Geiste der karolingischen Auffassung sollte offenbar das Grafenamt diese Aufgabe erfüllen. Daß es dieselbe nicht erfüllt hat, ist auf die Einführung des Lehnssystems zurückzuführen.

Zu einer Vereinheitlichung des gesamten öffentlichen Rechts im Königsrecht ist es also nicht gekommen, wohl aber wurde in der Folgezeit der Gegensatz zwischen dem Amts- oder Königsrecht und dem Volksrecht dadurch ausgeglichen, daß das letztere den persönlichen Charakter verlor und so zum Landrecht wurde. Für diese dadurch inaugurierte Rechtsperiode wird die vorhin angeführte Unterscheidung Ernst Mayers — wenn auch mit einiger Vorsicht — anzuwenden sein und so die Situation am besten veranschaulichen. Amts- und Landrecht enthalten gewiß nicht ausschließlich öffentliches Recht im materiellen Sinne, aber sie stützen sich doch nur auf jene Formen „der Untertänigkeit oder Herrschaft, welche von einem privaten Recht an der Person und das Haus des Beherrschten unabhängig“ sind und haben insofern innerhalb des einartigen Rechts

[1] Populus juxta sanctiones divinas ducendus est, non sequendus ... Nec non audiendi, qui solent dicere: Vox populi, vox dei (Alcuin, epist. 253, S. 807).

eine gewisse Absonderung öffentlich-rechtlichen Charakters erfahren. Und wenn dann E. Mayer diesem öffentlichen Recht nicht ein privates, sondern einfach „die Herrschaft" gegenüberstellt, so ist damit die Ungeschiedenheit zwischen öffentlichem und privatem Recht innerhalb jener Sphäre festgehalten, welche das damalige „öffentliche Recht" nicht für sich in Anspruch nahm. Markt-, Hof- und Dienstrecht erfüllen dieselbe, und der einseitige Wille des Herrn ist es, der hier Recht schafft. Hier leben das persönliche wie das territoriale Prinzip, das erstere als uralte Volkstradition, das letztere als natürliche Folge der Beziehungen, in welche der Einzelne zu Grund und Boden trat.

In diesen beiden Richtungen nimmt dann innerhalb der „Herrschaft" die Entwicklung ihren natürlichen Weg, daß eine Reihe von Individuen dieselben Ziele anstreben, dieselben zunächst gar nicht normierten Rechtsansprüche stellen. Trotz diesem parallelen Bestreben und der naturnotwendigen Tendenz nach Vereinigung dieser Einzelkräfte muß dieselbe anfänglich mißlingen. Zu vielgestaltig sind die Gründe und Ursachen, die den gleichen Gedanken zum Entstehen bringen, zu vielgestaltig die Art, wie von verschiedenen Menschen unter sonst gleichen Verhältnissen der Gedanke aufgefaßt wird. Aber allmählich treten diese Unterschiede zurück, es entsteht eine Reihe konformer Rechtsansprüche, die an sich privatrechtlich, durch ihre Massenerscheinung eine öffentliche Bedeutung gewinnen. Dies muß in beiden Richtungen zu Assoziationen führen. Hier bilden sich auf persönlichen Momenten aufgebaute Verbände, dort führt das Bedürfnis nach Zusammenschluß zur Siedlungsgemeinschaft und auf Grund derselben zu dinglicher Rechtsgemeinschaft. Diese Verhältnisse beruhen also nicht mehr auf dem einseitigen Willensakt des Herrn, sie begründen ein Gegenrecht, das zwar regelmäßig die stillschweigende oder ausdrückliche Genehmigung des Herrn erfährt, das aber doch seine selbständige Richtungslinie von unten nach oben bewahrt. Solche Aktionen sind aber zunächst stets rein auf persönlichen oder bloß auf territorialen Momenten aufgebaut, und in dieser Einseitigkeit konnten sie nicht neue dauernde Werte schaffen, zu diesem Zweck mußten sie zu einer Konsolidierung gelangen.

Dieser Prozeß stellt sich in seiner äußeren Form als die Entwicklung eines neuen Städtewesens dar. Um zu verstehen, welche Bedeutung gerade dieser Vorgang für das in Rede stehende Thema hat, um zu zeigen, daß hier der Anfangspunkt einer durchwegs neuen Entwicklung zu suchen ist, muß weit in die Geschichte städtischer Siedlung zurückgegriffen, müssen vor allem die Reste römischen Städtewesens richtig eingeschätzt werden.

§ 3.

Der Senat und der von den Komitien gewählte Magistrat sind die Grundlagen der alten städtischen Verfassung gewesen, die in der letzten Periode der Republik ihre klassische Vollendung erreichte. Mit der Kaiserzeit beginnt ein Prozeß innerer Erstarrung dieser Verhältnisse, in dessen Verlauf eine totale Verschiebung der leitenden Begriffe eintritt. Die Magistratus werden nicht mehr von den Komitien, sondern vom Senat aus seiner Mitte gewählt, der sich selbst durch Kooptation ergänzt und sich auf diese Weise zu einer erblichen, exklusiven Kaste entwickelt. Wohl werden Senat und Magistrat vom Staate als Vertretung der Stadt behandelt, aber von den cives nicht mehr als solche empfunden. Die autonome Bedeutung der ordo decurionum, jetzt Kurie genannt, tritt in den Hintergrund, die staatliche wird verstärkt, freilich nicht zum Vorteil der Kurialen: auf ihnen lastet die Garantie für die Einbringung der Staatssteuern innerhalb des Territoriums. Ihre verfassungsmäßige Kompetenz geht teilweise auf das neue Amt des defensor über, aber auch ihre gesellschaftliche Vorzugsstellung schwindet unter dem auf ihr lastenden Druck immer mehr, so daß Platz für eine neue Stadtaristokratie wird, die honorati und possessores. Mit dem Siege des Christentums tritt als weiterer Machtfaktor die Geistlichkeit hinzu.

Diese Verhältnisse werden im wesentlichen auch durch die gotische Eroberung nicht geändert. Die Kurie bleibt eine erbliche Dienstkorporation für staatliche Finanzzwecke und behält daneben eine gewisse freiwillige Gerichtsbarkeit. Während sie, sowie die defensores und curatores in den gotischen Landschaften von den Gotengrafen niedergehalten werden, kommen sie in den griechisch gebliebenen Landesteilen in Abhängigkeit vom Bischof und den primates, d. i. der übrigen höheren Geistlichkeit und der begüterten Einwohnerschaft, welche schließlich noch die Wahl der über den Städten stehenden Provinzialrichter[1] sowie der einzelnen defensores[2] civitatum an sich bringen. Der Einbruch der Langobarden vernichtet dann, soweit er reicht, die letzten Reste der städtischen Selbständigkeit. Die Volksgemeinde tritt an Stelle der possessores, das alte Stadteigentum, das publicum, fällt an die königlichen curtes und steht unter deren Recht. Für die alte Stadtverfassung bleibt kein Raum, keine Existenzmöglichkeit.

In den griechisch gebliebenen Küstenstrichen nehmen die Verhältnisse ihre natürliche Entwicklung. Man lebt in einem ständigen Kriegszustand, der zur Folge hat, daß die wehrhaften Grundbesitzer einen aristokratischen Rang gewinnen und mit den eifrigsten Vorkämpfern gegen die langobardische Okkupation, der Geistlichkeit, die alleinigen Machthaber in den Städten sind. Von ihrem Gutdünken, von ihrer Willkür hängt es ab, ob sie die Reste alter städtischer Verfassungs-

[1] Justinianus, pragmatica sanctio (554): Provinciarum etiam judices ab episcopis et primatibus uniuscuiusque regionis eligendos . . .

[2] Justin. Nov. 15 de defensoribus.

formen bestehen lassen oder nicht. Auf alle Fälle sind es aber Organe ihrer Macht, angepaßt den zeitlichen Verhältnissen, aufgebaut auf Gedanken, die mit der alten Stadtverfassungsidee gar keinen Zusammenhang haben. Als dann das langobardische Reich zusammenbricht, tritt eine gewisse Trennung der beiden erwähnten Mächte und zwar insofern ein, als innerhalb des neuen Kirchenstaates die überwiegende Herrschaft an die Geistlichkeit, in den nominell von Konstantinopel abhängig bleibenden Gebieten an den Adel fällt. Die Art aber, wie sie ihre Herrschaft zum Ausdruck bringen, ist so ziemlich gleichartig. Die ständige Kampfgefahr von außen, der Drang, die Herrschaft über die untergeordneten Klassen der Bevölkerung zu wahren, zwingt zum Zusammenschluß, zur Vereinigung (concives) und damit zur Schaffung einer Vertretung, die verschiedene Namen haben mag (boni homines, judices, consules), in ihrer Bildungsform aber die gleiche ist. Denn da die politischen Verhältnisse fast überall die Möglichkeit staatlichen Selbständigwerdens eines Territoriums bieten, da die Grenzen zwischen autonomem und Staatsrecht in dieser Zeit fließende sind, so würde die Repräsentation durch einen Einzelnen die Gefahr der Alleinherrschaft, die durch mehrere aber lebenslängliche Vertreter die einer Oligarchie bedeutet haben.

Für das Verständnis der so entstehenden Institutionen erscheint es vollständig überflüssig, nach Anknüpfungspunkten zu suchen, die über die zurückliegende Werdeperiode hinweg einen Zusammenhang für diese Organisationsformen mit der altrömischen Stadtverfassung schaffen könnten, da doch eins unbedingt klar ist, daß die rechtliche Grundlage eine ganz andere geworden war. Mögen uralte Namen und Titel wieder auftauchen, die Leute, die sie führen, die Bevölkerungsklassen, die durch sie vertreten werden, sind anders geworden und damit auch die Auffassung ihrer Rechte und Pflichten der Allgemeinheit wie den andern gegenüber. Die Stadt im rechtlichen Sinne ist aber eine Begriffszusammenfassung eben solcher Berechtigungen, ist eine Ausdrucksform der zeitgemäßen Strömungen. Als treibende Kräfte derselben müssen uns auch hier jene drei Machtfaktoren des Mittelalters erscheinen, und die zu lösende Frage ist nur, wie sich das Kräfteverhältnis gruppiert hat. Was zunächst den römischen Einfluß, der für die italischen Städte besondere Wichtigkeit haben sollte, anbelangt, so hat derselbe eigentlich nur das lokale Milieu geliefert. Die alten Munizipien sind trotz aller zerstörenden Stürme Brennpunkte der sozialen Entwicklung geblieben. Aber an dem Fortgang dieses Werdeprozesses hat das alte Rom keinen Anteil mehr gehabt. Seine Bedeutung und die Gründe der weiteren Gestaltung liegen vielmehr darin, daß auch die beiden andern Mächte dieser zentripetalen Tendenz folgten und ihren Schwerpunkt in diese Stätten verlegten. Die Kirche machte sie zu Sitzen der Bischöfe, die Germanen zum Sitz ihrer Grafen, und Geistlichkeit und Lehnsadel waren es, welche der weiteren Entwicklung die Richtung gegeben haben. Die Städte außerhalb des Kirchenstaates — und gerade diese kommen hier zunächst in Betracht — haben diesen Werdegang zum Teil schon sehr früh als staatsrechtlichen im engeren Sinne des Wortes durchgemacht, dessen Ergebnis die Stadtrepubliken waren.

So der Werdeprozeß in Italien. Wir kommen nun zu der sozusagen sekundären Einflußsphäre römischer Kultur: Gallien und Germanien. Die Städte dieser Länder waren notwendigerweise durchwegs neugegründete, für deren Entstehen militärische und Handelsinteressen maßgebend waren. Das alte, nach Stämmen gegliederte Gallien wurde so in Munizipalgebiete, in civitates geteilt.[1] Die Städte waren Mittelpunkte dieser Bezirke, aber die Zivität war nicht auf

[1] Vgl. Rietschel, „Die civitas auf deutschem Boden“.

sie beschränkt. Auch Landbewohner des Territoriums waren vollberechtigte Bürger[1]. Mit dieser Einteilung haben sich die kirchlichen Diözesen konformiert. Nach dem Zusammenbruch der römischen Herrschaft im 5. Jahrhundert wird die Munizipalverfassung von der fränkischen Gauverfassung verdrängt, und die Städte werden Sitze der fränkischen Grafen, wie sie schon vordem Residenzen der Bischöfe gewesen sind. Am Rhein und an der Donau stehen die Reste der alten Völkerschaftsstädte, der Lagerstädte und Kastelle. Auch sie werden in die Gauverfassung einbezogen, ohne eine andere rechtliche Behandlung zu erfahren wie das flache Land. Ihre Bewohner führen dieselbe Lebensweise unter gleichen Rechtsverhältnissen wie ihre Volksgenossen außerhalb den verfallenen Ringmauern, d. h. sie treiben nach Urvätersitte Ackerbau und Viehzucht. Es sind somit Bauern, die hier wohnen. Ihre Beziehung zum Grund und Boden ist jedoch eine ganz andere als die des römischen Kolonen zu seinem ager. Die germanische Auffassung individualisiert mit dem Besitzer auch sein Grundstück, so daß dieses „als fest begrenztes Sachindividuum in konkreter Realität ins Recht tritt“.[2] Die typische Erscheinungsform ist hierfür die Hufe, deren ganze Rechtsindividualität wiederum in der Wohnung ihres Besitzers, im Haus konzentriert erscheint. Uralte, unausrottbare heidnische Überlieferung von der Heiligkeit der Herdstätte, der innerste Kern des germanischen Heimatgedankens[3], kommt hinzu und erhebt das deutsche Haus zu einem Staat im Kleinen, ausgestattet mit all der Heiligkeit, die der

---

[1] Es handelt sich hier somit nicht um Städte im deutschrechtl. Sinne des Wortes, wie Rietschel richtig hervorhebt.

[2] Gierke, „Genossenschaftsrecht“. II, S. 75.

[3] Eine bezeichnende Ausdrucksform dieser allen Germanen gemeinsamen Anschauung hat sich in England in dem Rechtssprichwort erhalten: My house is my castle.

Germane mit allen fundamentalen Rechtsinstitutionen verband, und auf Grund dessen auch fähig, neues Recht zu schaffen, zu „finden". Damit ist der Träger eines sekundären Rechtsverwirklichungsprozesses gegeben. Die zu seiner Ausbildung notwendige Konsolidierung ist in der Mark vorhanden, die die einzelnen Hufen umfaßt, deren rechtliches Zentrum wie dort das Haus, hier die gemeinsame Siedlung, das Dorf ist. Mag es ein Wall, mag es ein schlichter Holzzaun sein, der diese Stätte umschließt, er ist nicht nur Verteidigungsmittel, er ist vielmehr der Ausdruck einer tatsächlichen wie einer rechtlichen Gemeinsamkeit. Der Friede des einzelnen Hauses dehnt sich in abgeschwächtem Maße auf die ganze Siedlung aus und gibt so auch ihr etwas von jener dem germanischen Recht eigenen Heiligkeit. Als Organ der Verwirklichung dieser Vorstellungen wirken Burding und Heimgerede, Reste einer in Vergessenheit geratenden Gliederung des Volkes. Aber ihre öffentlich-rechtliche Natur ist noch stark genug, um dem Recht, das sich in diesen Siedlungen zu verwirklichen beginnt, von allem Anfang an den Charakter der Öffentlichkeit zu verleihen.

Neben diesen auf dem Eigentumsrecht aufgebauten Verhältnissen, entwickeln sich aber frühzeitig Beziehungen, die sich aus dem persönlichen Verkehr ergaben und denen seit jeher ein rechtlich relevanter Charakter eigen war. „Das Verkehrsrecht ist ein natürliches Recht, das so alt ist wie das Recht des Eigentums." [1] Es gab zwar sehr viele auf rein persönlichen Momenten aufgebaute Kontakte und Verbände, die in altgermanischen sozialen Gewohnheiten ihren Grund hatten. Diese hatten aber teils seit jeher nur privatrechtliche Bedeutung besessen, teils war die frühere öffentlich-rechtliche Stellung solcher Beziehungen nach und nach

[1] K. Hegel, „Die Entstehung des deutschen Städtewesens". S. 55.

in den Hintergrund getreten. Das Verkehrsrecht befand sich dagegen auf dem entgegengesetzten d. i. positiven Wege der Entwicklung. Es hatte seine Grundlage in immer mehr an Umfang gewinnenden kaufmännischen Usancen, die infolge Beobachtung derselben durch eine große Menge von Individuen ein auf Gewohnheit beruhendes Privatrecht bildeten, das bald durch Privilegien sanktioniert wurde. Als aber auch die Formen seiner Ausübung Gegenstand positiver Rechtsverwirklichung wurden, gewann es dadurch öffentlich-rechtliche Bedeutung. „Die Grundbedingung dieser ganzen Entwicklung besteht eben darin, daß den Kaufleuten nicht nur besondere Rechte, sondern auch besondere Gerichte überall zugestanden werden." [1] Hierbei ist festzuhalten, daß dieser Vorgang sich vollständig unabhängig von den öffentlich-rechtlichen Institutionen, die mit dem Grund und Boden zusammenhängen, vollzog, so daß wir also zwei zunächst voneinander vollkommen unabhängig verlaufende sekundäre Entwicklungsprozesse vor uns haben. Das beweist die Glosse Notkers[2]: „Negotiale ist tér strît, tér úmbe daz keuuóneheíte geskíhet: álso chóuflíute strîtent, táz tér chóuf súle uuésen stâte, der ze jârmércate getân uuírdet, ér sí réht álde únréht, uuanda iz íro geuuóneheíte ist. Juriditiale hábet tánnân námen dánnân óuh juridici héizent: álso dîe ze Romo juridici hîezen, dîe daz púrgréht in dínge ságetôn, álso héizet ter dánnân uuórteno strît juriditialis." Treffend kommentiert diese Stelle Keutgen: „In der Tat lassen die unschätzbaren Worte Notkers ja keinen Zweifel darüber, daß zu seiner Zeit, um das Jahr 1000, sich zwar auch bereits ein kaufmännisches Gewohnheitsrecht oder jus negotiale eine gewisse Anerkennung verschafft hatte, daß es aber daneben und im

---

[1] Gothein, „Wirtschaftsgeschichte des Schwarzwalds". S. 10.

[2] Zitiert nach Keutgen „Urkunden zur städtischen Verfassungsgeschichte". S. 44.

Gegensatze zu ihm an Geltung vorangehend ein anderes Recht gab, das er als purgreht bezeichnet. Es ist die erste Grundlage des späteren Gesamtstadtrechts, zu der das jus negotiale erst als zweites Element hinzukommt." [1]

Diese beiden so eng nebeneinander verlaufenden Entwicklungsprozesse konnten trotz ihrer angeborenen Selbständigkeit nicht ohne gegenseitige Beeinflussung verbleiben. So konnte es für das purgreht nicht bedeutungslos bleiben, daß die Kaufleute, welche rechtlich ihren bäuerlichen Mitbürgern gleichgestellt waren, [2] also Freie oder Unfreie sein konnten, dem Kaufmannsgerichte gegenüber rechtsgleich waren, da vor diesem kein Unterschied des Standes gemacht wurde, sondern nur die Gemeinsamkeit des Berufes maßgebend war. So wird das Prinzip des Richtens durch Genossen durchbrochen [3]. Ebenso kann das jus negotiale seinen persönlichen Charakter nicht konsequent wahren. Der Kaufmann braucht für seinen Geschäftsbetrieb eine Niederlassung und tritt so in Beziehung zum Grund und Boden. Diese ist aus Gründen kommerzieller und wirtschaftlicher Natur zunächst nur eine vorübergehende. Da ist die Zinsleihe die praktischeste Form für die Gewinnung einer territorialen Grundlage. Mit der Entwicklung des Verkehrs bekommen aber die in Betracht kommenden Verhältnisse einen dauernden Charakter, so daß die abgeschlossenen Zinsverträge immer wieder erneuert werden können, ja vom Vater auf den Sohn übernommen werden, die Zinsleihe wird zur Erbleihe. Der Kaufmann, dessen Sonderrecht ursprünglich vor allem den Zweck verfolgte, ihn vor den, aus dem häufigen Aufenthaltswechsel sich ergebenden Nachteilen zu bewahren, war so ein durch das terri-

---

[1] „Untersuchungen über den Ursprung der deutschen Stadtverfassung", S. 214.

[2] Keutgen, ebenda S. 67.

[3] Gothein, „Wirtschaftsgeschichte". S. II.

toriale Moment verbundenes Glied einer Siedlungsgemeinschaft geworden, zu deren besonderem Recht er nun sein besonderes Recht in eine ständige Beziehung brachte. So wuchsen die beiden Entwicklungsreihen immer enger ineinander, bis schließlich der sekundäre Evolutionsprozeß vollkommen konsolidiert erscheint. „Der Ausdruck dieser neuen Einheit war die Erhebung des idealen Begriffes der Stadt zur Rechtseinheit.“ [1]

Repräsentiert erschien die Stadt zunächst ähnlich wie die Landgemeinde durch die Bürgerversammlung. Mit dem steigenden Wachsen der Stadt wird aber dieser Apparat immer schwerfälliger, während gleichzeitig auch die zu erledigenden Geschäfte insbesondere durch das Hinzutreten merkantiler Aufgaben sich außerordentlich vermehren. So ist es nur der natürliche Gang der Dinge, der zur Schaffung eines geschäftsführenden Ausschusses führt. [2] Ursprünglich mochte man einen solchen aus bestimmten Anlässen zur Erledigung einzelner Geschäfte aus der Bürgerversammlung gewählt haben. In einer solchen Funktion erscheint er wohl in der von Keutgen [3] reproduzierten Urkunde aus der Geschichte der Stadt Remagen, wo der Berg, auf dem die Martinskirche stand, cunctorum in Regimago tam divitum quam pauperum juris erat. Um denselben Christus zu schenken, schicken die Bürger von Remagen duodecim ex primoribus suis an den Erzbischof und diese vollziehen im Namen der Gesamtheit die Schenkung. Die Urkunde darüber zeichnen die Regimagensium precipui testes. Mit der Zeit werden solche Ausschüsse eine ständige Einrichtung, doch überträgt damit die Bürgergemeinde die ihr zustehenden Rechte nicht an den Ausschuß, der vielmehr

[1] Gierke, „Genossenschaftsrecht“. I. S. 310.

[2] Varges, „Zur Entstehung der deutschen Stadtverfassung“ in „Jahrbücher für Nationalökonomie und Statistik“. 1897. S. 57.

[3] „Untersuchungen“, S. 221. Die Urkunde vollständig abgedruckt bei Lacomblet, „Urkundenbuch des Niederrhein“. I. S. 186.

zunächst nur als ihr Mandatsträger erscheint. So muß derselbe z. B. in Halberstadt bei allen Angelegenheiten die Entscheidung der Bürgerschaft einholen.[1] Eine weitaus größere Bedeutung haben diese Ausschüsse bei Neugründungen von Städten, wo sie mit dem Landesherrn den das Stadtprivilegium begründenden Vertrag abschließen und schon auf Grund der Tatsache, daß sie als Kompaziszenten des Stadtgründers eine öffentlich-rechtliche Rolle gespielt haben, auch weiterhin eine solche mit einer gewissen Unabhängigkeit gegenüber der Bürgerschaft behalten. Dies übt seine Rückwirkung auch auf die älteren Städte. Während in den früheren Urkunden neben dem Ausschuß — gewöhnlich Rat, consules genannt — stets auch die Gemeinde angeführt wird, erscheinen an solchen Stellen seit der zweiten Hälfte des 13. Jahrhunderts die Ratsherren allein.[2]

Der Rat ist nunmehr die offizielle Vertretung der Stadt in allen ihren Angelegenheiten. Als solche fühlt er sich — ebenfalls eine Rückwirkung des bei den meisten Neugründungen eingehaltenen Modus — auch dem Stadtherrn gegenüber. Dieser war in der Stadt seit altersher durch den Stadtvogt, den advocatus vertreten, welcher seine militärischen und zum Teil auch seine richterlichen Funktionen selbständig, die Gemeindeangelegenheiten unter Mitwirkung des Burding erledigte. An die Stelle des letzteren tritt nun der Rat. Dieser fügt sich aber nicht wie die Bürgerversammlung in ein Verhältnis der Unterordnung, er beansprucht überall als eine dem Stadtvogt gleichgestellte Körperschaft die Verwaltungsgeschäfte mit ihm zu führen. Dabei will er seine Kompetenz nicht auf rein kommunale Angelegenheiten eingeschränkt wissen. Es ist vor allem die Vertretung merkantiler Interessen, die er in das Bereich seiner Aufgaben zieht, aber auch auf anderen Gebieten

---

[1] Varges, a. a. O. S. 60.

[2] Varges, a. a. O. S. 61, wo auch Belege angeführt sind.

sucht er seinen Einfluß geltend zu machen, und dies nicht selten im ausgesprochenen Gegensatz zum Stadtherrn.

Einen solchen Vorgang zeigt uns der Beschluß der 12 conciliatores et rectores civitatis von Straßburg (1201/02), die am Stadtwall gelegene Almende gegen jährlichen Zins auszutun. Diese an sich in den Grenzen wirtschaftlicher Gebarung gehaltene Absicht gewinnt aber dadurch eine öffentlich-rechtliche Bedeutung, als der Bischof als Stadtherr die Almende für sich in Anspruch nimmt. Der nun folgende Konflikt zwischen Bischof und Stadt ist ebenso wie ein ähnlicher in Basel typisch für die von beiden Seiten verfolgten Tendenzen. Der Stadtherr will nicht die Abschaffung des Rats, sondern dessen Abhängigkeit von ihm, er will also, daß der Rat ein Glied seiner eigenen Verfassungsorganisation, nicht ein Organ selbständiger Verwirklichung öffentlichen Rechtes sei. Der Rat dagegen strebt mit einem sich immer klarer ausprägenden Bewußtsein seiner Bedeutung gerade dem Stadtherrn gegenüber die Schaffung einer von diesem unabhängigen Rechtssphäre an, als deren berufenen Repräsentanten er sich fühlt. Das äußere Zeichen für die erfolgreiche Durchsetzung dieser Tendenz ist die Verdrängung des Stadtvogtes aus seinen bisherigen Befugnissen und die Übernahme der dadurch freiwerdenden Hoheitsrechte durch den Rat. Auf diese Weise gewinnt dieser ein zweifellos öffentlich-rechtliches imperium, das ursprünglich dem Stadtherrn zustand. Nur die Gerichtsbarkeit bleibt im allgemeinen davon ausgenommen, da nur wenige Städte die ausgesprochene Gerichtshoheit erlangen.[1] Wohl aber entwickelt sich die alte Burgerichtsbarkeit über Maß und Gewicht sowie die Kompetenz der alten Kaufmannsgerichte über unrechte Kaufmannschaft und de omnibus, quae ad cibaria pertinent[2], zu einer durch-

[1] Näheres Varges a. a. O. S. 100 f.

[2] Quedlinburger Privileg von 1042.

aus selbständigen Gerichtsbarkeit über Kauf und Verkauf, über den Handel mit Fremden, über Wucher und Hehlerei.

Damit hängt jener damals sich entwickelnde Begriff der Polizei zusammen, der als die größte bleibende Errungenschaft des deutschen Städtewesens aufgefaßt werden muß[1]. Es wird im nächsten Abschnitt der Charakter der englischen Friedensrichter als Polizeiherren betont und dort auch der Schwerpunkt der sekundären Entwicklung in dieses Moment gelegt werden. Der Polizeibegriff der deutschen Städte geht viel weiter als der englische und dies ist besonders auf das ihnen inkorporierte Innungswesen zurückzuführen. Sonst mag sich der Polizeibegriff in mancher Hinsicht mit dem englischen decken. Das gilt insbesondere hinsichtlich des Straßenwesens, obgleich sich hier noch ein besonderer Nachdruck auf die Baupolizei entwickelt. Der in diesem allen fundierte Polizeibegriff beinhaltet aber überdies die Tendenz sich zu einer allgemeinen öffentlich-rechtlichen Fürsorge für die Interessen der einzelnen auszudehnen.

Über die an sich verwaltungsrechtlichen Aufgaben hinaus gewinnt der Rat auch geradezu staatsrechtliche Funktionen. Die Anfänge eines guten Teiles derselben ergaben sich aus dem Verhältnis der Bürgerschaft zu dem burgartigen Charakter der Stadt, das ist ihrer Befestigung. Diese war eigentlich Eigentum der Stadtherren. Wenn aber Mauern, Türme und Tore der Städte in schlechten Zustand gerieten, so konnten sich gewöhnlich die Stadtherren nicht entschließen, diese auf eigene Kosten wieder herzustellen beziehungsweise den neueren Anforderungen der Zeit entsprechend herzurichten. Da waren es die Bürger, die aus eigenen Mitteln die Neubefestigung übernahmen, damit aber auch gleichzeitig das ursprünglich dem Stadtvogt als Vertreter des Stadtherrn zustehende Recht der Beaufsichtigung

[1] G. von Below, „Die städtische Verwaltung des Mittelalters als Vorbild der späteren Territorialverwaltung“, S. 437 ff. Sybels Historische Zeitschrift, 75. Band (1895).

erwarben. Diese aus dem Recht des Eigentums sich ergebende Funktion der Aufsicht erhielt aber bald öffentlichen Charakter, indem sich daraus die Aufgabe der Bewachung der Stadt, die Mauerwache, ausbildete. In Zusammenhang damit überging das Kommando über das Bürgeraufgebot an den Rat. So gewann dieser die Möglichkeit selbständig Fehden zu führen, Frieden und Bündnisse zu schließen.

§ 4.

Diese so geschaffene Rechtssphäre hatte ihren besonderen Charakter. Sie lag außerhalb jenes allumfassenden Zusammenhanges mittelalterlicher Rechtsauffassung, die vom letzten hörigen Bauer bis hinauf zu Kaiser und Papst reichte. Das mochte darin seine Ursache haben, daß es zum größten Teil neues, originäres Recht war, welches hier verwirklicht erschien. Aber auch jene Rechte, welche aus der Rechtssphäre der Stadtherren in die der Stadt übergegangen waren, wurden der ganzen Tendenz der darin ausgedrückten Entwicklung nach nicht als etwas Verliehenes aufgefaßt. Das zeigt sich deutlich aus der Art, wie die Anerkennung dieser Rechte geradezu zur Bedingung der Huldigung gemacht wurde, wobei häufig ausdrücklich angeführt ist, daß der Treueid nur so lange verbindlich sei, als der Stadtherr die Rechte der Stadt respektiere. So haben die Bürger von Braunschweig[1] schon 1279 erklärt, „se velle esse subditos et fideles quamdiu eos dicti filii bene tractaverint". Noch deutlicher betont dieses Moment die Huldigungsordnung derselben Stadt[2] vom Jahre 1345. So lange die Herrschaft Stadt und Bürger bei Recht, Gewohnheit läßt, so wollen sie die Eide der Huldigung halten; „wanne aver de herren dat recht unde wonheyt breken unde se nicht by den gnaden en lethen, so en welden se unde en dorften van rechtes wegene to den eden der huldinge nicht verbunden wesen,

[1] u. [2] zitiert nach Varges a. a. O. S. 106.

de wile dat de ungnade mit den herren warede". Es ist also Rechtsbruch, wenn der Stadtherr gegen das Recht und die Gewohnheit der Stadt handelt, und ein solcher entbindet die Bürger ihres Treueides.

Dieser so zutage tretende besondere Charakter der Stadtrechte läßt sich in seiner Wesenseigenart wohl folgendermaßen erfassen: Innerhalb der durch das „öffentliche Recht" im Sinne Ernst Mayers[1] freigelassenen Sphäre ist eine Rechtsbildung von unten nach oben zustande gekommen, welche zunächst nur ein eigenes Recht gegenüber dem „Herrn" zu wahren bestrebt ist, die aber dadurch, daß dieser, wenn auch längst zur Privatperson geworden, doch der Ausläufer der primären Schichtung „öffentlichen Rechts" ist, zu einem Gegenrecht dieses letzteren wird. Dieser Tatbestand wird durch Vereinbarungen festgelegt, welche zwar die Form von einseitigen Gnadenakten des Herrn, also von Privilegien beibehalten, in Wirklichkeit aber darin bestehen, daß von einer Seite das der Herrschaft gegenüberstehende Gegenrecht, von der anderen Seite diese Herrschaft selbst in ihrer Überordnung anerkannt wird. Eine solche Vereinbarung hat rechtlich die Bedeutung eines Vertrages, und zwar eines öffentlich-rechtlichen Vertrages. Als charakteristische Momente sind somit hervorzuheben: in materieller Hinsicht die Qualität als eigenes Recht, das Faktum der gegenseitigen Anerkennung, und in formeller Hinsicht der darüber abgeschlossene Vertrag.

Die Vorstellung des eigenen Rechts ist zuerst von Jellinek[2] einer Untersuchung unterzogen worden. Der negative Teil seiner Ausführungen, daß weder das abgeleitete noch das entziehbare Recht den Gegensatz des eigenen bildet, daß also weder Entstehung noch Beendigung des Rechts hierfür entscheidend sind, ist im vorliegenden Zusammenhang besonders beachtenswert. Seine positiven

[1] S. oben S. 19.
[2] „Die Lehre von den Staatenverbindungen", S. 42.

Ausführungen sind von Rosin[1] mit dem zutreffenden Argument abgelehnt worden, daß Kontrollierbarkeit weniger als Entziehbarkeit bedeutet. Aber auch der Ersatz, den Rosin dafür bietet, wonach jedes Recht für sein Subjekt eigenes Recht ist, wird zwar im ersten Augenblick durch seine Einfachheit bestechen, bei näherer Betrachtung jedoch Bedenken in doppelter Hinsicht hervorrufen. Zunächst muß eine starke Privatrechtlichkeit dieser Auffassung auffallen, die bei Rosin insbesondere durch die Gegenüberstellung des fremden Rechts zutage tritt. Anderseits scheint die Rosinsche Definition eine Gleichstellung des eigenen Rechts mit dem subjektiven zu bedeuten.

Mag nun die Vorstellung eines subjektiven öffentlichen Rechts nur ein konstruktiver Behelf sein, wie in letzter Zeit behauptet wurde[2], mag sie ihren realen Hintergrund haben — gleichviel, sie hilft uns über das erstere Bedenken insofern hinweg, als die Theorie bei Behandlung des subjektiven öffentlichen Rechts das Moment der Öffentlichkeit scharf ausgeprägt hat. So sieht Jellinek[3] das entscheidende Kriterium darin, daß das subjektive öffentliche Recht nicht auf erlaubenden, sondern ausschließlich auf machtverleihenden Rechtssätzen beruht, so versteht Ulbrich[4] unter subjektivem Recht die durch einen bestimmten Rechtsvorgang gegen ein bestimmtes Rechtssubjekt gewährte konkrete Rechtsmacht, so spricht Otto Mayer von einer

---

[1] „Souveränetät, Staat, Gemeinde, Selbstverwaltung“ in den „Annalen des Deutschen Reichs“, 1883. S. 279.

[2] Spiegel, „Die Verwaltungswissenschaft“ (1909), S. 211. Das Wort „subjektiv“ spricht allein schon für die Richtigkeit von Spiegels Ansicht. Denn die Feststellung von Subjekt und Objekt ist an sich schon Konstruktion. Diese Annahme legt die Vermutung nahe, daß auch die Vorstellung des eigenen Rechts nur konstruktiven Wert hat. Der Gedanke des eigenen Rechts ist aber doch wohl ein viel zu lebendiger, im allgemeinen Bewußtsein vorhandener, als daß man hier von Konstruktion sprechen könnte.

[3] „System der subj. öff. Rechte“, 2. Aufl. S. 52.

[4] „Lehrbuch des österr. Verwaltungsrechtes“, S. 164.

rechtlichen Macht über die Ausübung der öffentlichen Gewalt selbst[1] und an anderer Stelle von einer Macht über die Ausübung der öffentlichen Gewalt[2]. Hinsichtlich der Öffentlich-Rechtlichkeit erscheint somit als entscheidend das Machtmoment festgestellt und daher würde die Rosinsche Formel in Berücksichtigung desselben dahin lauten, daß eigenes öffentliches Recht jenes ist, welches für sein Subjekt eine eigene Macht bedeutet.

Es erübrigt jedoch noch das zweite Bedenken: Ist eigenes Recht und subjektives miteinander identisch, wie dies die Rosinsche Definition des ersteren vermuten ließe? Offenbar nicht. Die moderne Theorie hat hier vielmehr eine Unterscheidung getroffen, und zwar durch Aufstellung einer Wesenseigenschaft des eigenen Rechts, die gerade für den vorliegenden Zusammenhang von ausschlaggebender Bedeutung ist. Diese erfährt keinen Abbruch durch die Tatsache, daß die diesbezüglichen Ausführungen zumeist mit der Erörterung des Bundesstaatsproblems zusammenhängen, ja — wie bei G. Meyer[3] — geradezu die Konstituierung jener Selbständigkeit beinhalten, welche den Kommunalverbänden im Gegensatz zu den Einzelstaaten abgeht. Wir werden später auf das Bundesstaatsproblem zurückkommen, hier interessiert uns lediglich die an dasselbe geknüpfte Konstruktion des eigenen Rechts. Bei G. Meyer[4] handelt es sich, wie schon erwähnt, um den gedanklichen Unterschied zwischen Einzelstaat und Kommunalverband. Er sieht ihn in einer zweifachen Selbständigkeit der Einzelstaaten, nämlich: gewisse politische Aufgaben nach eigenen Gesetzen zu erfüllen, und zweitens: die eigene Organisation nach eigenen Gesetzen zu regeln[5]. Scheinen hier die Worte

[1] „Verwaltungsrecht“, I. S. 110 ff.

[2] Archiv f. öff. Recht, XXI. S. 34.

[3] u. [4] „Lehrbuch des deutschen Staatsrechts“. 5. Aufl. S. 8.

[5] Daß dabei das eigene Recht nicht den spezifischen Unterschied zwischen Staat und Gemeinde ausmachen kann, betont Laband (I, S. 62).

„eigen" und „Gesetz" nicht ohne Absicht wiederholt in Beziehung zueinander gebracht, so verdichtet sich dieser Zusammenhang bei Laband[1] zu einer positiven Formel. Indem er der reinen Selbstverwaltungskompetenz der Bundesstaaten im Sinne des Artikels 4 Reichs-Verf. jenen Wirkungskreis gegenüberstellt, wo denselben auch die Gesetzgebung zusteht, sieht er nur in der letzteren Hinsicht, also dort, wo Autonomie und Selbstverwaltung sich verquicken, eigenes Recht der Bundesstaaten[2].

Unabhängig vom Bundesstaatsproblem behandelt Bernatzik[3] die Frage nach dem eigenen Recht und kommt zu ähnlichen Resultaten. Er versteht „unter dem Ausdruck Selbstverwaltung nicht bloß das Recht auf die Verwaltung im engsten Sinne, sondern auch das Recht, abstrakte Normen zu erlassen und dieselben in concreto zur Anwendung zu bringen, das Recht der Gesetzgebung und Rechtsprechung. In diesem Sinne sind Selbstverwaltungskörper alle physischen oder juristischen Personen, denen auf irgendeinem Gebiete des öffentlichen Rechts ein eigenes Recht auf Organstellung d. h. auf Bildung des staatlichen Willens oder Mitwirkung hierbei eingeräumt ist".

Der übereinstimmende Gedankengang dieser drei Ausführungen läßt uns wohl das subjektive Recht als den weiteren Begriff erscheinen, innerhalb dessen dort eigenes Recht vorliegt, wo die selbständige Funktion durch das eigene Gesetz bestimmt wird. Doch werden die hierbei zitierten Darlegungen noch weitere Schlüsse gestatten, wenn man den Gesichtspunkt berücksichtigt, auf welchen jene zurückzuführen sind. Es

---

Diese Bedeutung kommt vielmehr dem eigenen Herrschaftsrecht zu. Laband, a. a. O. Jellinek, „Staatslehre", S. 476 f.

[1] „Staatsrecht des Deutschen Reichs". 4. Aufl. I. S. 96 ff.

[2] Analog stellt Ulbrich im Staatswörterb. 2. Aufl. I. S. 332 der heteronomen die autonome Selbstverwaltung gegenüber.

[3] „Kritische Studien über den Begriff der juristischen Person und über die juristische Persönlichkeit der Behörden insbesondere". Archiv f. öff. Recht, V. S. 297.

bleibt sich nämlich keineswegs gleich, ob man eine öffentlich-rechtliche Einrichtung von unten oder von oben, aus einer Sphäre der Unterordnung oder der Überordnung betrachtet. Von dem ersteren Standpunkt aus wird das als Macht sich darstellende subjektive Recht in seinen Wirkungen nach unten einfach als Herrschaft empfunden werden und es wird dem ihr Unterworfenen ziemlich gleichgültig sein, wie sich dieses Recht im übrigen qualifiziert, ob es ein eigenes oder ein nichteigenes ist. Diese Frage rückt aber sofort in den Vordergrund, wenn man dieselbe Institution vom Standpunkt eines übergeordneten Faktors ansieht. Für die übergeordnete Rechtsmacht ist es keineswegs irrelevant, ob sie ein eigenes Recht des untergeordneten Faktors respektieren muß oder nicht. Die eigene Rechtsqualität hat somit vor allem in der Richtung nach oben Bedeutung und das eigene Recht charakterisiert sich geradezu durch einen Gegensatz nach oben. Dies klingt aus den obigen Darlegungen des eigenen Rechts auch ziemlich deutlich heraus.

Dieser Umstand schließt die Richtigkeit des Jellinekschen Satzes: „Das wesentliche Merkmal des Staates ist seine Herrschergewalt aus eigenem Recht“ [1] nicht aus. Derselbe besagt eben, daß es hinsichtlich der Herrschergewalt des Staates nichts über diesem gibt, enthält also die Negation jeder Überordnung, somit den Ausdruck der Souveränität. Den Gegensatz von unten zu eben dieser Souveränität repräsentieren Autonomie und Selbstverwaltung. Derselbe Laband, der, wie wir gesehen haben, das eigene

[1] „Allgemeine Staatslehre“. 1. Aufl. S. 446. In der 2. Aufl. ist dieser Satz dahin modifiziert: „Wesentliches Merkmal des Staates ist Dasein einer Staatsgewalt. Staatsgewalt ist aber nicht weiter ableitbare Herrschergewalt, Herrschergewalt aus eigener Macht und daher zu eigenem Recht.“ (S. 475.) Womit die Übereinstimmung mit Laband (I. S. 62) stärker hervortritt. Die mit dem Worte „daher“ charakterisierte Beziehung zwischen eigenem Recht und eigener Macht mag als weiterer Beleg für die hier auf Seite 36 und 37 ausgesprochene Ansicht gelten.

Recht der Bundesstaaten dort findet, wo ihnen Autonomie und Selbstverwaltung zusteht, schreibt die Selbstgesetzgebung nur demjenigen Gemeinwesen als besondere Eigenschaft zu, „dem die Gesetze auch von einer über ihm stehenden Gewalt gegeben werden könnten"[1]. Und analog charakterisiert er die Selbstverwaltung: Diese bedeutet ihrem „Wortsinne nach den Gegensatz zum Verwaltetwerden; wird von einer Körperschaft ausgesagt, daß sie selbst verwaltet, so setzt das stillschweigend immer eine höhere Macht voraus, von der sie auch verwaltet werden könnte"[2]. Den obigen Ausführungen entgegengehalten, erscheinen diese Definitionen wie eine Gleichung zwischen eigenem Recht und dem Recht der Selbstverwaltung und Autonomie. Freilich ist dort gerade in deren Verbindung das eigene Recht gefunden worden, während hier die für das eigene Recht so bezeichnende Gegenstellung auch für die Selbstverwaltung an sich konstruiert wird. Eine Rechtfertigung hierfür bieten die oben angeführten Worte Bernatziks, mit denen auch Rosins[3] Darlegung übereinstimmt, wonach Selbstverwaltung wenigstens gedanklich Selbstgesetzgebung und Selbstrechtsprechung in sich schließt. Gerade diese Auffassung aber läßt Rosins Kritik der Labandschen Interpretation des Bundesstaatsproblems in einem anderen Lichte erscheinen. Von diesem Standpunkt aus gibt es dann wirklich keinen absehbaren Grund, „die Verwaltungsrechte der Einzelstaaten auf denjenigen Gebieten, wo dem Reiche die Gesetzgebung zusteht, weniger als ihr eigenes Recht zu betrachten, als auf denen, wo sie das Gesetzgebungsrecht besitzen"[4].

Ein solcher Gegensatz nach oben, wie er im obigen als Charakteristikum des eigenen Rechts erkannt wurde, wäre

[1] „Staatsrecht des Deutschen Reichs", 4. Aufl., I. S. 101.
[2] a. a. O. I, S. 98.
[3] a. a. O. S. 312.
[4] a. a. O. S. 282.

an und für sich etwas Politisches, ja unter Umständen geradezu Revolutionäres. Staatsrechtlich relevant wird es erst durch die Anerkennung desselben seitens der übergeordneten Gewalt. Jellinek hat diesen Vorgang der Anerkennung in ihrem weitesten Umfange dahin charakterisiert: „Der Staat an sich betrachtet Macht, wird durch Anerkennung der Person des Subjizierten zur rechtlich beschränkten Macht. Dadurch erlangt aber die durch seine Rechtsordnung fixierte und rechtlich begrenzte Macht den Charakter der Rechtsmacht, seine Interessen den Charakter rechtlicher Interessen“ [1]. Daraus geht hervor, daß dieser Vorgang der Anerkennung auch auf den Staat seine Wirkung ausübt, daß er etwas an seinem Charakter ändert. Mag daraus die Wechselseitigkeit der so geschaffenen Beziehung noch so deutlich hervortreten, für unser heutiges Recht bleibt diese Anerkennung doch ein einseitiger Akt des Staates. Dem war aber nicht immer und ausnahmslos so. Die oben angeführten Urkunden lassen deutlich erkennen, daß es sich hierbei um eine gegenseitige Anerkennung handelte. Die Bürger erkannten den Stadtherrn als solchen an, wofür dieser wiederum ihre Gewohnheiten als ihr eigenes Recht anerkannte.

Diese Gegenseitigkeit erforderte als Form den Vertrag, und die formelle Fixierung dieser Anerkennung durch Privilegien hatte auch in Wirklichkeit die Bedeutung eines Vertrages, da ausdrücklich oder stillschweigend für beide Teile Rechte und Pflichten stipuliert werden, und zwar eines öffentlichen Vertrages im Hinblick auf das ganze Wesen städtischer Organisation. Die Frage nach der Zulässigkeit öffentlich-rechtlicher Verträge mag für unsere heutigen Verhältnisse im großen ganzen nur akademischen Wert haben [2], sicherlich bezieht sich dieselbe auf ein verhältnismäßig kleines Gebiet. Für den am häufigsten dis-

[1] „System der subj. Rechte“. 2. Aufl. S. 194.
[2] Spiegel, „Die heimatrechtliche Ersitzung“, S. 204.

kutierten modernen Anwendungsfall, das Verhältnis des Staatsdieners zum Staate, schränkt sich der Vertragscharakter wohl richtig nur auf die Begründung des Vertrages, also auf die Eingehung eines Subjektionsverhältnisses ein, ohne sich auch auf den Inhalt, die Konsequenzen und auf die Auflösung dieser Verhältnisse zu erstrecken [1]. Der öffentlich-rechtliche Charakter jenes Privilegienvertrags war dagegen gerade in seinem materiellen Inhalte begründet. Und seine Bedeutung für die Erfassung der juristischen Idee von Selbstverwaltung und Autonomie liegt darin, daß das in ihm ausgedrückte Verhältnis der gegenseitigen Anerkennung später immer mehr verschwamm, bald nach der einen, bald nach der andern Richtung einseitig betont wurde und nur in solcher Form eine Fixierung erfuhr.

Das also ist das eigene Recht, sein Verwirklichungsprinzip und dessen Form, wie es uns in der deutschen Stadt des Mittelalters entgegentritt. In engem Zusammenhang mit dem Grund und Boden und dessen Recht ward es geboren. Aber ein starker Einschlag eines persönlichen Rechts verhinderte seine Ausdehnung über das ganze Land, beschränkte es auf besonders qualifizierte Plätze, die Städte. Dasselbe Moment schloß auch eine uniforme Gleichheit aus und wahrte ihm so die Möglichkeit individueller Entwicklung. Das hatte seinerseits zur Folge, daß es in Deutschland nicht wie in England zu einer dauernden Konsolidierung der einzelnen eigenen Rechtsentwicklungen jener sekundären Sphäre kam. Die einzigen Ansätze hierzu, die Hansa und

[1] Laband, „Staatsrecht des Deutschen Reichs" (4. Aufl.), I. S. 153, 418 ff., II. S. 175 ff., IV 179 ff., 201 ff. — Jellinek, „System", S. 204. — Dagegen negiert überhaupt die Zulässigkeit des öffentlich-rechtlichen Vertrages, insbes. Preuß, „Das städtische Amtsrecht in Preußen", S. 77 ff., ferner O. Mayer und G. Meyer an verschiedenen Orten. Das Problem der öffentlich-rechtlichen Verträge hat neuestens eine ausführliche Behandlung erfahren in der Schrift G. Hoetzels „Nauka o správních aktech" (Lehre von den Verwaltungsakten), Prag 1907, S. 67 f.

die andern Städtebündnisse kamen über politische Aspirationen nicht hinaus. So ist durch den Einfluß des persönlichen Rechtsmoments die Selbstbeschränkung des eigenen Rechts auf ein verhältnismäßig kleines Territorium, auf die Heimat, gewahrt geblieben.

Diese Beschränkung der Entwicklung mußte gleichzeitig eine bedeutungsvolle Vertiefung derselben ermöglichen. Das Recht des Grund und Bodens hatte dadurch einen neuen Fall der Verwirklichung erfahren, der seinem ganzen Wesen nach sich gegen eine Individualisierung der dadurch gegebenen Herrschaftsrechte stellte. Hier konnte darum der „gesellschaftliche Charakter des Grundeigentums“ [1] zur wahren Geltung kommen und darin die Eigenart des deutschen Rechts betätigen. War das römische Privatrecht mit großartiger Konsequenz vom Individuum ausgegangen, so hatte das zur Folge gehabt, daß ihm jede Zusammenfassung von Individuen eine, jeder Realität entbehrende, rein gedankliche Konstruktion sein mußte. Der Grund und Boden dagegen, der für die deutsch-rechtliche Auffassung so maßgebend war, hat als solcher nichts Individuelles an sich, hier „hat das Recht Einheiten erst schaffen müssen“ [2]. Ob die Inhaber dieser Einheiten einzelne Individuen oder Mehrheiten von solchen waren, mußte für diese Anschauung ihrem eigensten Wesen nach irrelevant sein. Und so führt „die Betrachtung der ungetrennten Einheit des Bodens leicht zur Anerkennung wirklicher — nicht bloß gedachter Gesamtwesen über den Individuen; und die Bedeutung, welche man dem Boden für die ihn bewohnenden Menschenverbände beimißt, führt ebenso leicht dazu, die Eigenschaft einer rechtlichen Einheit, eines Rechtsträgers, von den Bewohnern auf den Boden selbst zu übertragen“ [3]. So wird der Grund und Boden zum Ge-

[1] Fricker, „Vom Staatsgebiet“, S. 22.
[2] Brinz, „Pandekten“, I, S. 178.
[3] Preuß, „Gemeinde, Staat, Reich als Gebietskörperschaften“, S. 305.

biet d. h. zur objektiven Rechtseinheit im publizistischen Sinn [1]. Und als solcher wirkt er wieder auf seine Bewohner zurück. Der Gesamtorganismus, als welcher sich diese durch die Tatsache eigener Verwaltung darstellen, wie die Gesamtpersönlichkeit, zu welcher sie durch eigene Rechtsetzung und Rechtsprechung durchdringen, erscheint auf den Grund und Boden radiziert, ist an das Gebiet als ein essentielles Moment gebunden.

Zusammenfassend erkennen wir also die deutsche Volksidee von Selbstverwaltung und Autonomie als den Gedanken eines eigenen, auf der Verquickung eines persönlichen und eines territorialen Moments aufgebauten Rechts. Sein Verwirklichungsprinzip ist die gegenseitige Anerkennung, dessen Form wiederum der öffentlich-rechtliche Vertrag ist.

Um das Bild vollständig zu machen, sei auch darauf verwiesen, daß dieses Recht zum großen Teil originäres [2] war, weil es die Stadt erst geschaffen hat, insofern es Verhältnisse betraf, die durch das Städtewesen erst existent geworden sind. Und auch darin liegt ein Stück deutscher Volksidee, daß dieses „eigene Recht" seinem eigentlichen Wesen nach stets etwas Eroberndes war, das neue Rechtsgebiete erschloß, die später dem Staatsgedanken selbst zugute kamen [3].

---

[1] Desgl. S. 310.

[2] So Hauke, „Grundriß des Verfassungsrechts" (1905), S. 113, dagegen Jellinek, „Allg. Staatslehre", 1. Aufl. S. 588 ff.

[3] Vgl. auch Hatschek, „Selbstverwaltung", S. 92, 102.

III.

Self-government[1], commune und pouvoir municipal.

§ 1.

Wenn man die Frage stellt, wann sich in der Geschichte Englands zuerst Raum und Verwirklichungsmöglichkeit für Selbstverwaltung und Autonomie finden, so wird nicht wie für Deutschland der Zusammenstoß zwischen römischem und germanischem Recht den Ausgangspunkt zu bilden haben. Dieser Konflikt ist in seiner Schärfe auf dem Kontinent überwunden worden. Jene Raummöglichkeit hat in England vielmehr die normannische Eroberung und die Art geschaffen, wie die normannischen Könige sich mit den vorgefundenen angelsächsischen Einrichtungen abzufinden suchten.

Mit dem Donesday Book hatte Wilhelm I. um 1085 jene primäre Maxime der englischen Staatsidee festgelegt, daß der König alleiniger Eigentümer des ganzen eroberten Landes sei und daß niemand in seinem Reich Grund und Boden zu eigen haben könne, das ihm nicht, sei es mittel-

[1] Die Richtigkeit dieser Nomenklatur ist wohl mit Recht von Redlich („Engl. Lokalverwaltung" S. 760) in Zweifel gezogen worden. Trotzdem behalte ich sie als die bei uns einmal eingebürgerte Bezeichnung bei.

bar oder unmittelbar, durch den König verliehen worden wäre. Die darin niedergelegte Tendenz war eine doppelte. „Seit Wilhelm dem Eroberer war das Bestreben der herrschgewaltigen Könige Englands darauf gerichtet, einmal die Ausbildung des politischen Feudalismus zu verhindern, sodann alle Staatsgewalt konzentriert in ihren Händen zu vereinigen. Das erstere ist ihnen gelungen; das zweite aber mußte der normannischen Dynastie mißlingen, weil das erobernde Element zu schwach war, um die vorgefundene elementare Rechts- und Staatsordnung des englischen Volkes zu zertrümmern, und weil es anderseits nur durch Aufrechterhaltung derselben möglich wurde, die Entstehung politischen Feudalwesens in England dauernd zu hindern“ [1].

Der Vorgang war also der, daß die Staatsgewalt, um ihre eigene Auflösung in eine Reihe privater Machtfaktoren zu verhindern, die vorgefundenen territorialen Verbandseinheiten der Angelsachsen gegen den Feudalismus ausspielte. Sie ging dabei von der Erwartung aus, daß es ihr mit der Zeit gelingen würde, diese Institutionen mit ihrer eigenen Idee zu erfüllen. Diese Hoffnung verwirklichte sich nicht, vielmehr entwickelte sich auf diese Weise ein Gegensatz, der nicht etwa in einem Fortbestehen der Gegnerschaft zwischen Eroberern und Unterworfenen die Ursache hatte und somit eine dem normannischen Staat als solchem feindliche Tendenz beinhaltet hätte, sondern sich innerhalb des national-konsolidierten Staates zu einem Antagonismus zwischen der zentralen staatlichen Herrschaft und lokalen Sonderbestrebungen ausgestaltete, für welch letztere die angelsächsische Territorieneinteilung nur die äußere Form gegeben hatte.

Die beibehaltene angelsächsische Einteilung des Landes in Grafschaften (shire, seit der normannischen Invasion

---

[1] Redlich, „Englische Lokalverwaltung“, S. 766.

county genannt) entwickelt sich also nicht zu einem System feudaler Herrschaften, wie es in Deutschland geschah. Der an der Spitze der Grafschaft stehende sheriff oder vicecomes wurde vom König ernannt und war somit königlicher Beamter. Seine Befugnisse waren ursprünglich außerordentlich universelle, sie waren richterlicher wie militärischer Natur, umfaßten gleichzeitig die ganze Verwaltung und mit dieser auch das für das Individualinteresse so wichtige Polizeiwesen. Gerade in dieser letzteren Hinsicht ließen sich die Sheriffe vielfach Ausbeutungen und Unterdrückungen der Bevölkerung zu schulden kommen, so daß sich jene Strömung, die Englands innere Entwicklung im 13. und 14. Jahrhundert ausmacht und an deren Beginn die magna charta steht, auch gegen sie wandte. Im übrigen erschien das Sheriffat zur Durchführung der großen Reformaktion jener Zeit an sich unzureichend. Gegenüber dieser Sachlage bedeutet die Verwaltungsreform Eduards III. wohl mehr als ein Kompromiß, wie es Redlich[1] bezeichnet; trat doch durch 34 Edw. III. c. 1. der die Zentralgewalt in der Grafschaft repräsentierende Sheriff in den Hintergrund gegenüber einer neuen Institution, hinsichtlich welcher das zitierte Gesetz folgendes bestimmt: „In jeder Grafschaft soll ernannt werden zur Erhaltung des Friedens ein Lord und mit ihm drei oder vier der Respektabelsten in der Grafschaft nebst einigen Rechtsgelehrten; und sie sollen Gewalt haben zu bändigen die Gesetzübertreter, Aufrührer und alle anderen Ruhestörer, und sie zu verfolgen, zu ergreifen, in Haft zu nehmen und zu züchtigen nach Maß ihres Vergehens, und sie in das Gefängnis setzen lassen, und sie gebührend bestrafen nach dem Gesetz, nach den Gewohnheiten des Reichs etc. und auch zu hören, zu verhandeln und zu entscheiden, auf Anklage im Namen des Königs alle in der Grafschaft begangenen

[1] a. a. O. S. 17.

felonies und Übertretungen nach den vorgedachten Gesetzen und Gewohnheiten“ [1].

Die Repräsentanten der so inaugurierten Institution der justice of the peace, die Friedensrichter, waren in erster Linie Polizeiherren [2]. Diese Kompetenz wurde noch unter Eduard III. dadurch weiter ausgebildet, als dieselben mit der Durchführung des Statutes of labourers, des Arbeits- und Bettelgesetzes betraut wurden.

Das Amt des Friedensrichters war ein Ehrenamt ohne jedes Entgelt und darum war auch die einzige Qualifikation, die für dasselbe gefordert wurde, eine durch bestimmte äußerliche Momente charakterisierte finanzielle Unabhängigkeit. Von so qualifizierten Personen wurden für jede Grafschaft mehrere ernannt, und zwar durch commission d. h. den Auftrag des Königs, Gerichtsbarkeit auszuüben. Von ihrem Wohnsitz übten die Friedensrichter selbständige — zumeist freilich nur vorbereitende — Funktionen aus. Ihre weitaus meisten Aufgaben erfüllten sie jedoch in kollegialen Vereinigungen. Von solchen gab es zunächst die petty sessions und special sessions, hauptsächlich die alle Vierteljahre stattfindenden Sitzungen aller Friedensrichter der Grafschaft, nach den Terminen ihrer Einberufung general quarter sessions genannt, — zu denen freilich, ohne daß die Rechtsgültigkeit ihrer Amtshandlungen dadurch gestört worden wäre, nicht alle erscheinen mußten.

Was den Wirkungskreis dieser Institution anbelangt, so darf aus ihrem Namen nicht gefolgert werden, daß er sich auf ein Friedenstiften zwischen streitenden Parteien beschränkte. Der Name ist vielmehr so zu verstehen, daß diese Organe berufen waren, die Aufrechterhaltung der Ordnung im Lande, des ruhigen Zusammenlebens der

[1] Zitiert nach Gneist, „Englische Verfassungsgeschichte“, S. 302 f.

[2] Redlich a. a. O. S. 18.

Bürger zu wahren und jede Störung desselben hintanzuhalten. Es entspringt der eigenen Auffassung des Engländers von öffentlicher Gewalt, die eine Unterscheidung von richterlicher und Verwaltungstätigkeit bis in die letzte Zeit nicht gekannt hat, daß ihr auch die letztere in der ersteren aufging. Das englische self-government ist somit erst in zweiter Linie Selbstverwaltung, es ist vor allem Selbstrechtsprechung. Es waren Richter im wahren Sinne des Wortes, die da Verwaltungsaufgaben erfüllten, und sie entledigten sich dieser Pflicht in einer auch formell ihrem Titel entsprechenden Form, nämlich im Wege des kontradiktorischen Verfahrens.

Im Sinne dieser Auffassung beschäftigten sich die petty und special sessions nicht nur mit kleineren Strafsachen und dem vorbereitenden Verfahren für schwerere Delikte. Bereits einen Übergang von den „convictions“, den eigentlichen strafrechtlichen Urteilen, zu den „ordres“, den verwaltungsrechtlichen Verfügungen, bildeten die „ordres upon complaint“. Es war dies eine polizeiliche Maßregel, mit welcher der Friedensrichter einem einzelnen das Versprechen abnahm, innerhalb einer bestimmten Frist eine bestimmte, die allgemeine Ordnung störende oder die Rechte anderer beeinträchtigende Handlung zu unterlassen, wobei der Richter gleichzeitig eine Geldstrafe für das Nichteinhalten dieses Versprechens statuierte. Außerdem hatten die Friedensrichter auch rein verwaltungsrechtliche Funktionen, so z. B. solche gewerberechtlicher Natur, dann Kinderfürsorge, Aufsicht über Nahrungsmittel, Lizenzen für den Ausschank von Spirituosen (diese den special sessions reserviert) usw. betreffend. Die wichtigsten Aufgaben waren den quarter sessions vorbehalten. Diese entschieden in schwereren Strafsachen und beschäftigten sich mit Verwaltungsangelegenheiten, die die ganze Grafschaft betrafen. Als solche galten unter anderen die Errichtung und Erhaltung von Straf- und Irrenanstalten. Außerdem waren die quarter sessions auch Appellationsgerichte gegen die Urteile des Einzelrichters wie der Kommissionen. Besonders hervorgehoben sei, daß eine Berufung über sie hinaus im Prinzip nicht zulässig war.

Die Reformation brachte es mit sich, daß neben den Grafschaften auch das Kirchspiel in den Organismus der öffentlichen Verwaltung eingefügt wurde. Bis dahin war die Armenfürsorge Sache der Kirche gewesen. Als nun die Kirche in den Staat inkorporiert wurde, mußte derselbe, sollte nicht eine Lücke in den sozialen Wechselbeziehungen entstehen, auch diese Funktion sich zu eigen machen. Es war ganz natürlich, daß man deren Ausübung an den hiermit seit jeher in Verbindung stehenden Pfarrbezirk anknüpfte. Das geschah durch das Armengesetz der Königin Elisabeth vom Jahre 1601. Im Sinne desselben ernannte der Friedensrichter 2 bis 4 Armenaufseher (observeers of the poor) für jedes Kirchspiel. Eine jede Armenpflege bedarf selbstverständlich Geldmittel. Als solche standen den Armenvätern vornehmlich Stiftungen und andere aus der Kirchenzeit übernommene Kapitalien zur Verfügung. Insofern diese nicht ausreichten, wurde den Armenaufsehern gestattet, mit Erlaubnis der Friedensrichter eine Armensteuer (poor rate) auszuschreiben, welche jeder christliche Hausstand von seinem Realbesitz in der Gemeinde, der visible property rate, zu zahlen hatte. Über die so beschafften Geldmittel verfügten dann die observeers, indem sie bestimmten, wer damit unterstützt werden soll, wobei die arbeitsfähigen Armen hiervon ausgeschieden und dafür mit geeigneter Arbeit versorgt wurden.

Die Stuarts überwiesen übrigens dem Kirchspiel noch einen zweiten wichtigen Verwaltungszweig, der vordem von den Ortschaften, den tithings, besorgt worden war. Es war dies die Wegeverwaltung. Im allgemeinen wurde den in dieser Hinsicht entstehenden Bedürfnissen durch Naturalleistungen genügt. Insoweit Barmittel nötig waren, wurden diese ähnlich wie die Armengelder durch eine Steuerausschreibung beschafft. Die Organe dieser Verwaltungsdisziplin waren die Wegeaufseher, die surveyors, welche, ebenso wie die observeers von den Friedensrichtern ernannt, ein unentgeltliches Ehrenamt ausübten.

Außerdem hatten die Pfarrgemeinden noch andere öffentlich-rechtliche Funktionen, so die Zusammenstellung der Geschworenenlisten, die Vorbereitung der Wahlen ins Parlament usw.

Das sind die wesentlichen Merksteine der sekundären öffentlich-rechtlichen Entwicklung in England. Wer sich die Ergebnisse des analogen Prozesses am Kontinent speziell in Deutschland ins Gedächtnis zurückruft, dem fällt vor allem auf, daß hierbei gar nicht von den englischen Städten die Rede war, obgleich schon das Donesday Book mehr als 40 civitates oder burgi kennt. Äußerlich haben diese ja auch die gleiche Entwicklung genommen wie die Städte am Kontinent. Sie sind mit Mauern umgeben worden und innerhalb derselben wurden Märkte abgehalten, wie die Carta Wilhelmi conquistoris ausdrücklich besagt. Aber die Rechtsentwicklung der Städte war keine selbständige, es gab keinen rechtlich entscheidend eingreifenden Unterschied zwischen der Verwaltung von Stadt und Landbezirken. Die meisten Städte waren zwar ursprünglich aus der Grafschaft eximiert und besaßen in der leet jury oder dem court leet ein den Zwecken der Polizei, der niederen Gerichtsbarkeit und Lokalverwaltung dienendes Organ. Dieses schien sich zu einer Repräsentativvertretung der Bürgerschaft entwickeln zu wollen, die Einführung des Friedensrichteramts ließ aber diesen Prozeß nicht aufkommen. Immerhin machte der seiner ganzen Natur nach mehr agrarisch geartete sekundäre Entwicklungsvorgang gegenüber größeren Städten von kommerzieller Bedeutung das Zugeständnis, daß sie eigene Friedensrichterkommissionen erhielten. Viele Städte blieben aber im Amtsgerichtssprengel der Grafschaftsfriedensrichter. Die Privilegien, die eventuell Ausnahmsbestimmungen für die Städte trafen, hatten keine eigentliche öffentlich-rechtliche Bedeutung, sie konnten Privaten ebenso verliehen werden, ebenso wie das Recht Statuten (bye laws) zu erlassen kein Vorrecht der städtischen Korporation war.

Nur wenige Städte haben von dieser allgemeinen Entwicklung eine vorübergehende Ausnahme gemacht, und auch dies nicht aus einem in ihrer eigenen Mitte entstandenen Gedanken heraus, sondern infolge des Herübergreifens der kontinentalen Idee der commune. Die weitaus meisten Stadtprivilegien haben dagegen eine für die wahre Stellung der Städte in England außerordentlich bezeichnende Bedeutung: Sie sind incorporations charters, mit welchen den Städten Privatrechtspersönlichkeit verliehen wird. In öffentlich-rechtlicher Hinsicht gingen sie in den Grafschaften und Kirchspielen auf geradeso wie das flache Land. Sie sind also niemals Träger einer eigenen öffentlich-rechtlichen Idee gewesen, wie die Städte in Deutschland, sie haben an der Verwirklichung der Rechtsansprüche der großen Masse in ihrer Eigenschaft als Städte überhaupt nicht Anteil genommen.

§ 2.

Als grundlegender Unterschied gegenüber der Entwicklung in Deutschland muß aber schließlich angeführt werden, daß dieser seinen Fundamenten entsprechend lokale, seinem Verhältnis zur bestehenden Staatsordnung nach sekundäre Prozeß sich keineswegs mit den damit gesteckten Grenzen begnügte, sondern die das ganze Reich umfassende primäre Staatsidee selbst angriff. Den Anknüpfungspunkt für diesen Prozeß gab die althergebrachte Institution des magnum concilium. Dieses hatte das wichtige Recht der Zustimmung zur Besteuerung. Mit Rücksicht auf seine Zusammensetzung bedeuteten jedoch die Entschließungen des concilium nur die Zustimmung der Barone des Reichs. Die innere Entwicklung Englands machte es jedoch notwendig, weiteren Kreisen Gelegenheit zur Äußerung über neue Steuern zu geben und so die Motivierung einer Steuerverweigerung aus der Nichtteilnahme am Steuerbeschluß nach Möglichkeit auszuschließen. Man versuchte dies zunächst mit einer Art Enquetensystem, in welchem die einzelne Grafschaft eine wichtige Rolle spielte. Die Schwerfälligkeit dieses Verfahrens mußte zu dem Bestreben führen, auf irgendeine Weise die ganze Bevölkerung zusammenfassen zu können. Der bis dahin begangene Weg mußte als Mittel hierfür vor allem einen Zusammenschluß der communitates regni verfolgen und führte damit zu der theoretischen Konstruktion, das ganze Reich als Gesamtgrafschaft, als eine große communitas aufzufassen [1], eine communitas communitatum zu schaffen. Wenn man konsequent war, so mußte die Kompetenz des Organs dieser communitas der Kompetenz der einzelnen communitates gleich Selbstrechtsprechung sein. Und wirklich erscheint das house of commons in der allgemeinen Auffassung als ein großes Grafschaftsgericht. Daß es als solches auch empfunden wurde, das zeigt seine ursprünglich vorwiegende Agenda, die aus richterlichen Geschäften und Geldbewilligungen bestand. Darauf weisen ferner auch mancherlei äußerliche Momente hin: Die Geschäftsordnung des Parlaments war eigentlich eine Gerichtsordnung, seine Privilegien und die seiner Mitglieder waren denen der Gerichte und Richter nachgebildet [2].

Der dem Vorbild zugrunde liegende Gedanke war also

---

[1] Hatschek, „Engl. Staatsrecht“, I. S. 235.

[2] Ebenda S. 239.

ganz ungetrübt festgehalten worden, ohne daß damit die naheliegende Tendenz verbunden gewesen wäre, jenes Vorbild selbst zu verdrängen, seine lokale Gewalt in der neuen zentralen Institution aufgehen zu lassen. Im Gegenteil. „In der Bildung des Unterhauses nämlich durch Delegierte der Grafschaften und Städte war die stärkste Anerkennung der Individualität der alten, zu Gerichts-, Heeres- und Finanzzwecken bestehenden Territorien gelegen“ [1].

Die weitere Entwicklung führte dahin, daß diese Abgeordneten aus ursprünglichen Mitschöpfern bald die ausschlaggebenden Urheber der öffentlichen Rechtsbildung wurden. Sie konnten nicht nur Wünsche und Beschwerden von lokaler Bedeutung an dieser Stelle vorbringen und durch deren Berücksichtigung local oder private statutes veranlassen, sie erschienen auch berufen, Normen zu provozieren, die das Interesse des ganzen Staatswesens betrafen, die public general statutes. Das Resultat war in beiden Fällen statute law, Gesetz im formellen Sinne des Wortes. Die formell noch immer festgehaltene Funktion der Rechtsprechung hatte sich also materiell zur Gesetzgebung erweitert. Aber ebenso wie die erstere eine Selbstgerichtsbarkeit war, so blieb die letztere zunächst Autonomie, denn das house of commons war seinem Entstehen nach kein Organ des primären Reichsgedankens, sondern eine Konsolidierung aller communitates, also der sekundären Erscheinungsformen öffentlichen Rechts. „Danach ist die innere Landesverwaltung in der Lokalinstanz, d. h. im Gebiet der Lokalverbände, lokales self-government; die innere Landesverwaltung im Gesamtgebiet des Verbands der Verbände, also in der Zentralinstanz, nationales self-government“ [2]. Es ist nicht unwichtig zu betonen, daß für dieses

---

[1] Redlich a. a. O. S. 22.

[2] Preuß, „Selbstverwaltung, Gemeinde, Staat, Souveränität“ in der Festgabe für Paul Laband, S. 216.

self-government, und zwar sowohl in der Lokal- wie in der Zentralinstanz die Rosinsche Doppeldefinition in beiden Richtungen zutraf. Sowohl das lokale wie das nationale self-government war — um die termini Rosins zu gebrauchen — bürgerliche Selbstverwaltung, indem eine verfassungsmäßige Beteiligung der Bürger als solcher an der Bildung der öffentlichen Organisation hervortrat. Das self-government war aber auch körperschaftliche Selbstverwaltung und zwar in der Lokalinstanz, insofern als das Kirchspiel, die Grafschaft, in der Zentralinstanz als die communitas communitatum, also die Summe der einzelnen Grafschaften, von dem souveränen Königtum als verwaltende Rechtspersönlichkeit anerkannt war. In der letzteren Hinsicht blieb es aber nicht immer so.

Noch unter den Tudors wurde die Krone als corporation sole [1] konstruiert, indem die dignitas, die Amtswürde, auf Grund der gegebenen Aufeinanderfolge von Amtsträgern als Korporation aufgefaßt wurde. Obgleich aus dem kanonischen Recht entwickelt, lag doch der Grund dieser Anschauung in der germanischen Idee einer Selbständigkeit der räumlich-dinglichen Rechtssphäre [2]. Als corporation sole behielt nun die Krone eine selbständige Prärogative analog der Unabhängigkeit des Bischofs vom Kathedralkapitel in Sachen der Verwaltung des Kirchenvermögens. Nach der glorreichen Revolution ließ sich diese Fiktion aber nicht mehr aufrechterhalten, die Vorstellung einer Staatsgewalt, die jenem organisierten Verband der Verbände gegenüberstände, war aus dem englischen Verfassungsrechte verschwunden. Dementsprechend konstruierte man nunmehr die Stellung der Krone als die einer trust corporation [3], der König erschien als trustee, als Treuhänder des Volkes.

[1] Hatschek, „Englisches Staatsrecht“, B. I, S. 61, 77.

[2] Gierke, „Genossenschaftsrecht“, II, S. 124.

[3] Hatschek a. a. O., B. I, S. 78.

Diese Wandlung mußte auch die Stellung des englischen self-government ändern. Dasselbe erschien bis dahin in der Lokalinstanz als ein nicht souveränes politisches Gemeinwesen und als solches mußte auch die Zentralinstanz als die gedankliche Zusammenfassung jener lokalen Instanzen aufgefaßt werden. Die Anerkennung der verwaltenden Rechtspersönlichkeit derselben durch das souveräne Gemeinwesen war nun offenbar gegenstandslos geworden, indem die vordem anerkennende Staatsgewalt jenem organisierten Verband der Verbände nicht mehr gegenüberstand. Damit war der Charakter einer körperschaftlichen Selbstverwaltung im Sinne Rosins ausgeschieden. Aber auch das andere, das „bürgerliche" self-government kann von da an nicht als fortbestehend angesehen werden. Dieses wurde zwar nicht — der Auffassung Gneists gemäß[1] — durch die königliche Ernennung der Friedensrichter von vornherein ausgeschlossen. Denn da hat Rosins berechtigte Einwendung statt, daß die Idee der Selbstverwaltung nicht in der königlichen Ernennung, sondern gerade in denjenigen Momenten ihren Ausdruck findet, „welche der königlichen Ernennung gegenüberstehen und sie beschränken, ja schließlich zur bloßen Form herabgedrückt haben"[2]. Aber das Moment des Gegensatzes zu einer höheren Gewalt, das auch für die bürgerliche Selbstverwaltung unbedingt gelten muß, von Rosin jedoch stark in den Hintergrund gedrängt wurde, ist verloren gegangen. Eben darum läßt sich auch der Parlamentarismus nicht, wie Rosin meint, als Selbstverwaltung auffassen, denn jedes wahre Parlament ist ebenso Staatsorgan, wie der Monarch ein solches ist[3], es steht also

[1] „Self-government, Kommunalverfassung und Verwaltungsgerichte in England" (1871), § 105 k.

[2] a. a. O., S. 315.

[3] Vgl. Kulisch, „Beiträge zum österr. Parlamentsrecht" (1903), S. 4 ff.

keinem übergeordneten Faktor gegenüber. Scheiden wir sonach den Parlamentarismus aus dem Begriff der bürgerlichen Selbstverwaltung aus, so vereinfacht sich diese zur reinen Organisationsform, zur formellen Seite eines einheitlichen Begriffs.

§ 3.

Um nun zum englischen self-government zurückzukehren, ist bereits vorhin festgestellt worden, daß der begrifflich notwendige Gegensatz nach oben überwunden erschien. Aber von dem gleichen Augenblick an, wo das self-government in der Zentralinstanz Staatsorgan geworden war, mußte sich ein Gegensatz der Lokalinstanz gegenüber jener entwickeln, welcher die Tätigkeit der ersteren wiederum als wahre Selbstverwaltung erscheinen läßt.

Die Entwicklung der englischen Volksidee des self-governments hat in der Erfassung der Stellung der Krone durch die Vorstellung der trust corporation zweifellos in ihrer reinen Gestalt ihren Höhepunkt erreicht. Und wer in ihrer unverfälschten Bewahrung das einzige Heil sah, der mußte die Gestaltung der Verhältnisse in der Folgezeit, wo die englische innere Verwaltung sich kontinentale Muster zum Vorbild zu nehmen begann, mit Gneist und Toulmin Smith als Dekadenz betrachten.

Die große englische Reformaktion des neunzehnten Jahrhunderts hat sich in drei Etappen abgespielt, welche die Jahre 1832, 1867 und 1884 markieren. Die beiden ersteren bezeichnet man als die Mittelklassenreform, während man die letzte die demokratische Reformaktion nennt. Parlamentswahlrechts- und Verwaltungsreform gingen da jedesmal Hand in Hand. Die Reformakte von 1832 hatten die middle classes ins Parlament, die Akte von 1835 in die Munizipalverwaltung eingeführt. Auf dem Gebiet der Verwaltung forderte das Reformprogramm E. Chadwichs eine zentrale Verwaltungsorganisation mit bezahlten Beamten, also den vollständigen Bruch mit dem bisherigen Verwaltungssystem. Es wurde damals nur insofern durchgeführt, als für das Armenwesen eine Zentralbehörde kreiert wurde, welche gegenüber den Armenräten eine Exekutive besaß. Besonders bedeutungsvoll war die im Jahre 1834 erfolgte Einführung der Armenpflegeunionen, in welche Kirchspiele je nach Zweckmäßigkeit zur leichteren Erfüllung dieser Sonderaufgabe vereinigt werden konnten.

Die zweite Verwaltungsreformetappe brachte eine vor allem die Städte berührende Wahlrechtserweiterung, im übrigen stand sie im Zeichen der Sanitätsgesetzgebung. Die Public Health-Akte schufen in dem board of health eine Zentralbehörde für das Gesundheitswesen, freilich mit nur beratendem Einflusse gegenüber den Kommunalverbänden. Wie man schon daraus ersieht, zeigten sich die middle classes gegen eine Politik der starken Zentralgewalt ablehnend, dagegen waren sie zu weitgehenden Reformen hinsichtlich der Beamtenfragen geneigt. Als bedeutungsvolles Faktum ist zu verzeichnen, daß 1871 das zentrale Armenamt zum Ministerium für Selbstverwaltung, zum local government board umgewandelt wurde.

Die demokratische Reformperiode dehnte die Wahlerweiterungen der vorigen von den Städten auf das flache Land aus. Auf dem Gebiete der Verwaltung brach sie vollständig mit dem alten System. 1888 wird ein gewählter Grafschaftsrat, 1894 ein gewählter Distrikts- (Unions-) und Kirchspielsrat eingeführt. Diese neuen Institutionen werden in ein strenges System der Unterordnung gebracht. Das Kirchspiel ist dem Distrikte, dieser dem Grafschaftsrat untergeordnet. Grafschaft und Stadt unterliegen der Aufsicht des Ministeriums. Die Zentralgewalt selbst wird ausgebaut, indem neben dem local government board, welches unserem Ministerium des Innern entspricht, ein Handels-, ein Landwirtschafts-, ein Unterrichts-Ministerium entsteht.

Die gegenwärtige innere Verwaltung Englands gliedert sich nach der Reform daher folgendermaßen:

1. Das Kirchspiel (parish), das wiederum rural oder urban parish sein kann, wobei wir allerdings nicht unsern Begriff von „Stadt" als unterscheidend annehmen dürfen.

2. Die Unionen oder Distrikte, welche das local government board je nach Zweckmäßigkeit durch Zusammenlegung von Kirchspielen bilden kann. Solche unterscheidet man nach den vier hauptsächlich in Betracht kommenden Verwaltungszwecken als:

a) die Armenpflegeunionen,

b) die für Zwecke des Public Health geschlossenen Verbände, ursprünglich sanitary districts, später — nach der Konsolidierung der Spezialverbände im Jahre 1894 — county districts. In den Aufgaben dieses Kreises liegt für England die eigentliche Charakteristik der Stadtqualität. Die county districts können nämlich urban oder rural districts sein, und die Angehörigkeit zu einem solchen urban district bestimmt die urban-Qualität des parish. Ein solcher urban district ist nun gewissermaßen die Vorstufe zur Erlangung der Stadtqualität, also noch nicht diese selbst. Der ländliche Distrikt kann um Verleihung des Charakters als städtischer Distrikt beim Ministerium ansuchen oder wenigstens um die Einräumung einzelner Funktionen der urban districts bittlich werden. Der urban district kann dann durch charter-Verleihung Stadt werden. Die als urban district erlangte materielle Stadtqualität erhält dadurch ihre formelle Vollendung, indem der Distrikt hierdurch zur juristischen Person wird.

c) Schulunionen.

3. Die Grafschaft (county), im Sinne der neueren Richtung eine Union von Kirchspielunionen. Die Städte scheiden aus ihnen nur teilweise aus. Es gibt eine ganze Stufenleiter von der municipal borough, der einfachen Stadt, die sich von dem Distrikt nur durch die charter unterscheidet, bis zur county borough, der Grafschaftsstadt.

4. Das Ministerium für Selbstverwaltung als Aufsichtsorgan über Grafschaften und Städte.

So einschneidend diese Reformen sind, so haben sie doch an der Idee des Ganzen nicht viel geändert. Die Einführung des Beamtensystems mag als eine Schwächung formaler Selbstverwaltung gelten, doch besteht ihr eigentlicher Zweck wohl darin, jenen oben entwickelten Gegensatz zwischen der zum Staatsorgan gewordenen Zentralinstanz und der Lokalinstanz nicht allzugroß werden zu lassen, vielmehr auf die möglichste Konzentration der letzteren in der ersteren hinzuwirken. Mit Recht sieht Hatschek[1] hier die umgekehrte Tendenz wie in Deutschland am Werke. Aber diese erklärt sich daraus, daß die gleiche Tendenz wie in Deutschland in England bereits ihren Höhepunkt erreicht, ja überschritten hat.

§ 4.

Das Gebiet des heutigen Frankreich war in den ersten Jahrhunderten des Mittelalters ebenso wie Deutschland der Schauplatz jenes Ideenkonflikts, der im vorigen Abschnitt behandelt worden war. Der provisorische Ausgleich aber, der zwischen den drei ringenden Mächten im Frankenreich erzielt worden war, hatte hier für die nächste Folgezeit nicht einmal die geringen Resultate, welche sich in Deutschand im Reichsgedanken konzentrierten. So mußten hier

[1] „Das englische Local-Government, seine heutige Form und Bedeutung für die preußisch-deutsche Rechtsentwicklung." Verw.-Archiv IX, S. 319.

die Kapetinger erst die reale Grundlage für eine Staatsidee schaffen und waren daher weit davon entfernt, sich um die öffentlich-rechtlichen Bedürfnisse der großen Menge kümmern zu können, so daß hier geradeso wie in Deutschland freies Feld für die im Volke lebendigen Strömungen und ihre Tendenz nach Konsolidierung übrig blieb.

Trotzdem hält es schwer, jene Formen, in welche sich die Massenbedürfnisse zu gestalten begannen, als eine sekundäre Bildung zu bezeichnen, weil der primäre Prozeß einer ganz Frankreich gemeinsamen Staatsidee zur Zeit des Einsetzens ihrer Kräfte noch kaum theoretisch vorhanden war und insbesondere durch die Ansprüche Englands der französische Staat selbst in seiner Existenz gefährdet schien. Es ist also mehr eine gleichzeitige Unterströmung, was sich da abspielt, als ein sekundärer, durch die primäre Gestaltung bedingter Prozeß.

Zunächst waren es wohl altrömische Stadtverfassungsrechte, welche die Träger dieser Unterströmung waren. Der Name consul ist aus Südfrankreich nicht verschwunden [1], auch finden sich Belege für die Existenz einer curia [2]. Diese geraten aber ebenso wie die Schöffenkollegien des Nordens in Abhängigkeit von den Bischöfen. Dagegen entwickelt sich in den nordischen Städten frühzeitig eine Gegenströmung, die zuerst in Cambray zu bewaffneten Aufständen führt. Die gesta episcoporum Cameracensium wissen schon aus dem 10. Jahrhundert von einem solchen zu berichten [3], dem 1076 ein zweiter folgt, bei welchem sich die Bürger zu einer Eidesgenossenschaft vereinigten — „juraverunt communiam“ [4]. Sie fassen später

[1] E. Mayer, „Deutsche u. französische Verfassungsgeschichte“, I. § 23.

[2] Angeführt bei Brunner, „Deutsche Rechtsgeschichte“, II. S. 198.

[3] M.G.H.-S. VII, S. 431.

[4] Ebenda S. 448.

über dieselbe eine förmliche Urkunde ab (1092). Heinrich V. jedoch vernichtet eigenhändig diese Urkunde und läßt die Bürger schwören, daß sie nie wieder eine commune errichten werden[1]. Bald jedoch beginnen die Könige den Kommunen gegenüber einen andern Standpunkt einzunehmen, sie sehen in ihnen Stützen ihrer Herrschaft und privilegieren sie daher, freilich zunächst mit gewissen Reserven, quamdiu eam (i. e. communiam) rationabiliter tractaverint[2]. Da sich die kriegerische Durchsetzung der Ansprüche der Kommunen auf Nordfrankreich beschränkt, so teilen sich die Städte Frankreichs bald in drei territorial geschiedene Gruppen:

1. Les villes de consulat im Süden. Hier nehmen die Dinge eine friedliche Entwicklung, an der Adel und Geistlichkeit teilnehmen. An der Spitze der Stadt steht noch immer ein consul, der zunächst auch Richter ist. Erst seit dem 12. Jahrhundert gibt es eigene judices. Dem consul ist ein consilium der angesehensten Bürger beigeordnet (consiliares).

2. Les villes de bourgeoisie in der Mitte des Landes. Hier liegt die Verwaltungs- und Gerichtsgewalt in den Händen von königlichen Beamten (praepositus, prévôt), neben welchen sich auch Vertreter der Bürgerschaft (syndici, procuratores) finden. Besonders Paris hat neben einem praepositus regis auch einen Vertreter der Kaufmannschaft, den praepositus nautarum Parisiensium (prévôt des marchands de l'eau). 1190 wählen die Kaufleute 4 échévins, jurati des Prevotalgerichtes.

3. Die Städte mit Kommunalverfassung im Norden und in den Niederlanden. Der Kampf der conjurationes gegen die Stadtherrschaft endigte zumeist mit einem

---

[1] Vita Galcheri S. S. XIV, 207.

[2] Privileg Heinrich II. für la Rochelle, zitiert bei Hegel, „Städte und Gilden".

Vertrag, demgemäß der Stadtherr die Verfassung der durch die conjuratio geschaffenen Gemeinde anerkennt, wofür ihm diese den Treueid leistet. Adel, Geistlichkeit und das untertänige Volk blieben von der Stadtgemeinde ausgeschlossen. Hier also, wo überhaupt die Verhältnisse eine ähnliche Entwicklung wie in Deutschland nehmen, finden wir ebenfalls das Moment der gegenseitigen Anerkennung in Form eines öffentlich-rechtlichen Vertrages.

Nur in den Städten des Nordens also hatte diese ganze Unterströmung ein Resultat gezeitigt, das der inzwischen erstarkten primären Staatsidee gegenüber den Charakter einer sekundären Entwicklung annehmen konnte. Dieser primäre Staatsgedanke war aber trotz seiner verhältnismäßigen Jugend zu stark, um eine sekundäre Bildung aufkommen zu lassen. Er mußte freilich, als er an die Inkorporierung dieser Städte ging, die Freiheiten und Privilegien der Kommunen anerkennen. Dies geschah durch die sogenannten Chartes. Um deren Wert herabzudrücken, hat man im 13. Jahrhundert ganz kleine Städtchen, ja Landgemeinden mit solchen bedacht und war besonders freigebig mit ihnen gegen die villes de bourgeoisie, die in unmittelbarer Abhängigkeit vom König standen. Dazu kam noch, daß man um der ständigen Finanznot des Staates abzuhelfen, die munizipalen Würden zu Verkaufsobjekten gemacht hatte. Dem gegenüber mußten sich die Städte das Recht, ihre Organe selbst wählen zu dürfen, also die Ausübung ihrer Privilegien, von Fall zu Fall erkaufen. Unter solchen Umständen mußte das Verhältnis zwischen Staat und Stadt den Charakter einer privatrechtlichen Geschäftsbeziehung bekommen, womit die öffentlich-rechtliche Stellung der Städte an sich verloren ging, darüber hinaus aber mußte dies für die Städte die üblen Folgen haben, daß einerseits die hierdurch bedingte Korruption, anderseits die zur Aufbringung der Kaufsummen notwendige, sich immer wiederholende

Aufnahme von Schulden ihre Bedeutung untergruben. So waren die französischen Städte eigentlich überhaupt nicht dazu gekommen, ihre Bestrebungen als öffentliches Recht zu verwirklichen.

§ 5.

Die Entwicklung der Volksidee in Frankreich im Hinblick auf sekundäre öffentlich-rechtliche Bildungen wäre durch die Feststellung der Tatsache, daß solche von der Staatsgewalt zu rein privatrechtlichen Organismen herabgedrückt und dadurch aus dem öffentlich-rechtlichen Zusammenhang ausgeschieden wurden, abgeschlossen. Doch bringt das 18. und 19. Jahrhundert eine Entwicklungsreihe, die der französischen Volksauffassung an sich fernstehend, ja wie gezeigt werden wird, zum Teil geradezu fremd war, die aber als Ausdrucksform einer aktuellen Zeitidee eine über die Grenzen Frankreichs hinausgehende Bedeutung erlangt hat. Sie ist durch zwei in ihren Anschauungen außerordentlich divergierende philosophische Werke vorbereitet worden.

Montesquieus „L'esprit des lois“ brachte den Versuch, aus den drei bekannten Staatsformen eine Idealverfassung zu konstruieren. Diese Mischung von Monarchie, Aristokratie und Demokratie war in der Weise gedacht, daß der Monarch die vollziehende Gewalt, Aristokratie und Demokratie als Oberhaus und Unterhaus die Legislative handhaben sollten. Das Mittel, um den Bürger vor einem Mißbrauch der Staatsgewalt zu schützen, sah er in der Trennung der drei im Staate tätigen Gewalten. Diese drei müßten sich gegenseitig hemmen können und dürften daher nicht in einer Hand vereinigt sein.

Rousseaus „Contrat social“ ging von der Freiheit des Menschen, als dessen Recht und gleichzeitig dessen Pflicht aus. Wenn jedermann alle seine Rechte an die

Gesamtheit hingebe, um dafür das, was er dargebracht, wieder zu empfangen, so entstehe der Staatsvertrag, welcher seinerseits den Gemeinwillen erzeuge. Dieser sei der einzig wahre Souverän. Monarchie, Aristokratie wie Demokratie seien nur drei Formen der allein existenten Volksherrschaft.

Montesquieu unterschied also drei Willenskräfte im Staate, während Rousseau nur einen Staatswillen kannte. Diesen Gegensatz überbrückten die Theoretiker jener Tage, indem sie sich eine Gewaltenteilung auf Grund der Volkssouveränität dachten. Diese ruhte beim Volke, welches die ihm zustehende Gewalt in drei Richtungen übertrug[1].

Während so eine neue Zeitidee ihr Reformwerk gegenüber dem primären Staatsgedanken begann, setzte fast gleichzeitig eine aus der gleichen philosophischen Schule und damit aus der gleichen Zeitidee hervorgegangene Tendenz ein, welche die durch den absoluten Staat unterbundene sekundäre Entwicklung des öffentlichen Rechts zu neuem Leben erwecken und so auf den Staat selbst günstig einwirken wollte.

Ihre Anfänge sind mit den „Considérations sur le gouvernement ancien et présent de la France" [2] des Marquis d'Argenson verknüpft. Eben jene individuellen Kräfte, welche die Träger jeder sekundären Entwicklung sind und die von dem damaligen französischen Staatsrecht nur negativ zur Kenntnis genommen wurden, nimmt er zum Ausgangspunkt seiner Erörterung. „On n'y réfléchit pas assez ordinairement sur les forces de l'homme", zu wenig habe man Bedacht genommen auf die inneren Kräfte im Menschen und für deren Betätigung postuliert er, um sie dem Staat

[1] Vgl. die Abhandlung Max von Seydels „Ein Jahrhundert französischer Verfassungsgeschichte" in seinen „Staatsrechtlichen und politischen Abhandlungen" 1893, S. 158 f., sowie seine „Vorträge aus dem allgemeinen Staatsrecht" IV, Annalen des D. R. 1898, S. 746 f.

[2] Amsterdam 1765.

dienstbar zu machen, Freiheit und zwar sowohl für ihre individuellen Äußerungen als auch für ihre Wirksamkeit in der kommunalen Vereinigung der Gemeinde. Soll diese für den Staat praktischen Wert haben, so müsse sie das Recht der Versammlung, der Ordnung ihrer Angelegenheiten — worunter er die innere und die Finanz-Verwaltung verstanden wissen wollte —, sowie einer gewissen Handlungsfähigkeit haben. Zu diesem Zwecke sollte jede Gemeinde eigene Organe besitzen, welche von den Gemeindemitgliedern frei gewählt werden sollten. Diesen Organen soll ein Verordnungsrecht in bezug auf die innern Angelegenheiten der Gemeinde zustehn. Dabei tritt d'Argenson für eine strenge Scheidung der Kompetenzen zwischen Staats- und Gemeindeorganen ein. Ersteren steht nur eine gewisse Oberaufsicht über die Gemeinde zu.

Die maßgebenden Momente dieser Reformvorschläge werden sehr übersichtlich von Hatschek [1] dahin zusammengefaßt:

1. Die Gemeinden sollen nicht mehr auf privatrechtlicher Basis zur Staatsgewalt stehen; sie sind nunmehr Persönlichkeiten des öffentlichen Rechts.

2. Die Verkäuflichkeit der Ämter wird abgestellt.

3. In einer engen Verknüpfung des Gemeindeinteresses mit dem Staatsinteresse bei der Steuereinhebung liegt die zweckmäßigste Besteuerungsart. (Die Gemeindeorgane sollten Gemeinde- und Staatssteuern zusammen erheben, welche dann im Verhältnis von 1 : 3 zu teilen waren.)

Diese Anschauungen d'Argensons fanden vielfachen Anklang und wurden weiter ausgebaut. Vor allem die physiokratische Schule mußte in ihrem Bestreben, die nach ihrer Ansicht allein wahrhaft produktiven Klassen im Interesse der Gesamtheit zu fördern, zu der Frage kommen, wie

---

[1] „Selbstverwaltung", S. 44 f.

man die in jenen Schichten verborgenen sozialen Kräfte öffentlich-rechtlich zur Geltung bringen könnte. Positive Vorschläge machte in dieser Hinsicht Turgot. In den Bruchteilen der provinces, in den communautés, villes, villages, sollte der Schwerpunkt der neuen Organisation liegen. Jede dieser lokalen Gruppen und ebenso die provinces sollten eine Vertretung haben und dieser sollte die innere Verwaltung und das Steuerwesen übertragen werden. Es ist strittig, ob Turgot im Jahre 1787 ein königliches Edikt durchgesetzt hatte, das die Durchführung dieser Reformen zusagte. Tatsache ist, daß es zu einer Verwirklichung derselben unter königlicher Herrschaft nicht kam. Aber ihr Gedankengang wurde von der assemblée nationale constituante aufgenommen.

Frankreich sollte nach rein geographischen Gesichtspunkten in 85 Departements eingeteilt werden, die Departements in Distrikte, diese wieder in Kantone zerfallen, in welchen die Gemeinden oder Munizipalitäten vereinigt waren. An der Spitze aller dieser Bezirke sollten gewählte Vertretungen stehen. Über die rechtliche Stellung dieser neuen Organisationen entspann sich in der Nationalversammlung eine lebhafte Auseinandersetzung[1], bei welcher der Kernpunkt der Frage nach der Bedeutung von Selbstverwaltung und Autonomie zum erstenmal berührt wurde. Man war im Prinzip darüber einig, daß diese Organisationen Träger der Verwaltung und ihrer Exekutive, ja, auch der Legislative sein sollten. Aber man fürchtete die letzte Konsequenz dieser Tendenz: einen demokratisch-föderativen Staat wie die vereinigten Staaten von Nordamerika. Und darum waren die Munizipalitäten des ersten Entwurfes, über welchen am 29. September 1789 Thouret in der Nationalversammlung berichtete, „nach der Absicht der Ge-

[1] Ausführlich wiedergegeben bei Hatschek, „Selbstverwaltung“, S. 50 f.

setzgeber nur Verwaltungsbezirke gleich den Distrikten und Departements, denen sie untergeordnet waren. Wie diese, hatten auch die Munizipalitäten der Kantone zwei Organe, conseil als beratendes und beschließendes, den maire als ausführendes Organ. Jede Stadt, jede Landgemeinde des Kantons hatte nur ein bureau municipal, welches die Lokalinteressen überwachen sollte“ [1]. In dieser Hinsicht wurden in der Nationalversammlung gegen den Thouretschen Entwurf Einwendungen erhoben und besonders Mirabeau war der Ansicht, daß gerade die Städte und Dörfer mit eigenen Organisationen die Grundlage der neuen Verfassungsverhältnisse sein müßten. Es gehe nicht an, sie mit bloßen Munizipalagenturen abzufertigen. Die Erwiderung Thourets betont, daß der vorliegende Entwurf eine Verwaltungsorganisation des Reichs, nicht eine eigentliche Regelung der Verhältnisse der Gemeinden geben wolle. Und im Sinne dieser Ausführungen sind auch gemäß der Beschlußfassung vom 4. August 1790 die Kantone ebenso wie die Departements reine Verwaltungsbezirke geblieben.

Aber in der vorhergehenden Debatte war ein bedeutsames Wort gefallen. In seiner Erwiderung erklärte Thouret, „daß die Kommunen ihre eigene Sphäre besitzen, welche gleichsam ihre Privatangelegenheiten umschließe, und daß sie daher in dieser Richtung dem Staate ähnlich gegenüberstehen, wie die Individuen bezüglich ihrer privaten Geschäfte. Diese eigenen Angelegenheiten seien sowohl legislativer als exekutiver Natur und beide nur durch Organe der Gemeinde zu vollziehen“ [2]. Das war der Standpunkt d'Argensons und Turgots, aber in einer Weise formuliert, die unschwer die Absicht erkennen läßt, diesen in die Lehre von der Gewaltenteilung einzufügen. Da aber in keiner der von Montesquieu statuierten Gewalten

[1] Hatschek a. a. O. S. 53.

[2] Jellinek, „System der subjektiven Rechte“, S. 278.

für das neue Element Platz war, so mußte es als vierte Gewalt, als pouvoir municipal den andern drei ebenbürtig angereiht werden. Doch neben dieser Konstruktion kam noch eine zweite Auffassung zur Geltung, die entschieden genug sich in der oben im Umriß gezeichneten Debatte zum Durchbruch verhalf: für diese war die Gemeinde staatlicher Verwaltungsbezirk. Aber aus der gleichen Debatte geht auch hervor, daß jene beiden Tendenzen sich nicht gegenseitig ausschließen wollten, sondern vielmehr nach einem Modus der Koexistenz suchten. Diesen fand das Gesetz vom 14. Dezember 1789, indem es zweierlei Arten von Funktionen der gewählten Munizipalvertretungen unterschied: les unes propres au pouvoir municipal; les autres propres à l'administration générale de l'Etat et déléguées par elle aux municipalités[1].

Der ganze mit diesem Gesetz zum äußerlichen Abschluß gelangende Prozeß war seiner wahren Natur nach nichts anderes als der der Verwirklichung der naturrechtlichen Zeitidee und zwar in ihrer ganzen rein theoretischen Nacktheit, ohne jeden Zusammenhang mit einem in der Volksüberlieferung lebendigen Gedanken und daher auch ohne jede historische Grundlage. Da lag dem französischen Volksgeist das konzentrierende Prinzip jener Zeitidee, die Vorstellung der Volkssouveränität viel näher. Dem Grundsatz derselben gegenüber: „La souveraineté du peuple est une et indivisible,“ mußte aber jede Selbständigkeit eines Gliedes des Staatsganzen geradezu als Verbrechen an der Majestät des Volkes erscheinen. Diesem Standpunkt näherte sich schon die Instruktion zum Dezembergesetz vom 8. Januar 1790, noch entschiedener aber die Verfassung von 1793, bis schließlich das Pluviôsegesetz von 1800 das staatliche Präfektensystem einführte und der Gemeinde nur den

[1] Art. 49. Hélie, „Les constitutions de la France“ p. 63, zitiert nach Jellinek am gleichen Ort.

maire ließ, dessen Funktionen aber auch stark von dem Präfekten abhängig waren. Damit war die künstlich provozierte sekundäre Entwicklung ebenso aufgesaugt, wie die gleiche natürliche Evolution der französischen Städte vom absoluten Königtum vernichtet worden war. So war Frankreich bei jener Staatsidee angelangt, die Schulze zeichnet: „Nur der Staat und das Individuum haben Rechte, alles, was dazwischen steht, erscheint nur als Verwaltungsapparat, welcher jederzeit nach Belieben geändert werden kann“[1].

Diese Bemerkung paßt im großen ganzen auch auf das moderne Frankreich. Seine „Dezentralisation“, wie dort die öffentlich-rechtliche Gliederung bezeichnend genannt wird, besteht aus Departements, Arrondissements, Kantonen und Gemeinden. An der Spitze der beiden ersteren steht der Präfekt bzw. Unterpräfekt — beide staatliche Beamte —, die Kantone haben keinen eigenen Repräsentanten, an der Spitze der Gemeinde steht der maire. Dieser ist zwar Ehrenbeamter, doch wird er allgemein als Vertreter der staatlichen Macht in der Gemeinde, als Staatsbeamter angesehen. Als Selbstverwaltungsorganisationen in unserem Sinne kämen daher eigentlich nur das conseil général des Departements, das conseil municipal der Gemeinde in Betracht. Auf die in ähnlicher Weise gebildete Arrondissementvertretung sei hier nicht weiter eingegangen, da ihre Kompetenz sich nur auf eine Vorbereitung der Vorlagen für das conseil général beschränkt. Die Agenden der beiden erstgenannten Organisationen betreffen hauptsächlich Finanzfragen, dann Schul-, Straßen- und Wegeangelegenheiten. Beim conseil municipal kommt noch die Ortspolizei hinzu. Das allgemeine Bewußtsein sieht jedoch in diesen Organisationen keine Träger einer eigenen Selbstverwaltung, sondern vielmehr Vertretungen im eigentlichen Sinne des

[1] „Preußisches Staatsrecht“, II. S. 2.

Wortes der dabei interessierten Individuen, welch letztere somit als die eigentlichen Selbstverwaltungsberechtigten erscheinen[1].

§ 6.

Das heutige Belgien[2] war in der karolingischen Zeit ein Teil des Herzogtums Lotaringien. Infolge des zersetzenden Einflusses des Lehenswesens zerfiel es in der Folge in die selbständigen Gebiete Flandern, Artois, Brabant, Limburg, Hennegau, Namur und Lüttich. Unter den Herzögen von Burgund wiederum äußerlich geeint, besaß es zahlreiche Städte, die durch ihre Stellung im Welthandel große Bedeutung erlangt hatten. Diese hatten zumeist eine auf altgermanischer Überlieferung aufgebaute Schöffenverfassung. Im 11. und 12. Jahrhundert war diese an manchen Orten so stark in den Hintergrund getreten, daß sich die Bürger zur Aufrechterhaltung der Ordnung zu Konjurationen verbanden, welche Friedensordnungen erließen, deren Handhabung den jurati pacis überlassen war. Diese Institutionen bildeten sich ebenso wie die Schöffenkollegien, wo solche verblieben waren, zu oligarchischen Verfassungen aus. Obgleich manche von diesen Städten, besonders in Flandern und Brabant, fast die Selbständigkeit kleiner Republiken erlangten, lag doch das Schwergewicht öffentlich-rechtlicher Ausgestaltung weniger bei den Städten als bei den Ländern. Diese besaßen unter burgundischer Herrschaft eigene Landstände, die sich aus den Delegierten von Klerus, Adel und Gemeinden d. h. be-

[1] Vgl. Otto Mayer, „Theorie des französischen Verwaltungsrechts“ (Straßburg 1886), S. 427.

[2] Für die ältere Geschichte vgl. insb. Warnkönig, „Flandrische Staats- und Rechtsgeschichte“, Ernst Mayer, „Deutsche und französische Verfassungsgeschichte vom IX. bis XIV. Jahrhundert“, Pirenne, „Histoire de Belgique“, Hegel, „Städte und Gilden“.

stimmter Städte zusammensetzten. Der Zusammenhang dieser einzelnen Länder war ein loser und bestand eigentlich in einer bloßen Personalunion. Eine Annäherung derselben bedeuteten die Generalstaaten, die zuerst von Philipp dem Guten 1465 einberufen worden waren. An diesen Verhältnissen wurde in der Folgezeit nicht viel geändert, nur daß die wechselnden politischen Schicksale die Länder zu einem engeren Zusammenschluß brachten.

So geeint kämpfte Belgien seinen Befreiungskampf gegen die Niederlande. Am 4. Oktober 1830 faßte die provisorische Regierung den Beschluß, sich von diesen loszutrennen und einen Nationalkongreß einzuberufen. Aus dessen Beratungen ging die Verfassung vom 7. Februar 1831 hervor. Die Einteilung in Provinzen wurde beibehalten, diese zerfielen wieder in Gemeinden. Jeder Bürger gehörte einer Provinz, einer Gemeinde an. An der Spitze beider stand eine nach den gleichen Grundsätzen aufgebaute Repräsentanz, nämlich einerseits eine beratende und beschließende Versammlung, „welche Reglements erläßt und innerhalb des Kreis- oder Gemeinde-Bezirkes eine Art gesetzgebende Gewalt übt“ [1], anderseits ein ständiger Ausschuß, der mit der Vollzugs- und Verwaltungsgewalt betraut ist. Diesem steht ein vom König ernannter Beamter vor. Beide Institutionen haben eine doppelte Kompetenz, nämlich eigene Angelegenheiten und daneben Agenden der allgemeinen Landesverwaltung. Sie unterstehen einer gewissen Kontrolle und Überwachung durch die Staatsgewalt, die Gemeinden außerdem durch den Provinzialrat.

Eigenartig ist die Stellung, welche die belgische Verfassungsurkunde gegenüber der Theorie von der Teilung der Gewalten einnimmt. Sie bringt dieselbe nämlich in zweifacher Weise zur Anwendung. Zunächst läßt sich so-

[1] Vauthier, „Staatsrecht des Königreichs Belgien“ in Marquardsens Handbuch, S. 106.

wohl auf Grund des formalen Moments, daß das Kapitel über Provinzen und Gemeinden sich in dem „Über die Gewalten“ betitelten Abschnitt findet, sowie infolge der materiell-rechtlichen Tatsache einer „der Provinz und der Gemeinde innerhalb gewisser Grenzen zustehenden Autonomie das Bestehen einer Provinzial- und Kommunalgewalt annehmen, welche sich der gesetzgebenden, vollziehenden und richterlichen Gewalt zur Seite stellt“ [1]. Gleichzeitig aber behandelt die Verfassungsurkunde die Träger dieser vierten Gewalt ebenfalls nach dem Prinzip der Teilung und scheidet im Organismus der Provinzen strenge zwischen einer gesetzgebenden Funktion, welche der Provinzial- oder der Gemeinderat repräsentiert, und zwischen der Vollzugs- und Verwaltungsgewalt, welche der Ausschuß, die députation permanent oder das Schöffenkollegium handhabt. Zwar hatte auch das französische Vorbild die délibération, die Beratung und Beschlußfassung dem conseil überlassen, während die Exekutive, die action von einem Ausschuß ausgeübt wurde. Doch war dies offenbar nichts mehr als der Versuch einer aus praktischen Gründen sich ergebenden Teilung der Geschäfte, deren weitere gedankliche Ausbildung Röderer am 19. pluviôse des Jahres VIII mit den Worten präzisierte: „Administrer doit être le fait d'un seul homme, juger le fait de plusieurs.“ Eine Analogie mit der Teilung der Staatsgewalt war damit fraglos nicht beabsichtigt. In Belgien dagegen, wo den Provinzen und Gemeinden eine direkt gesetzgebende Gewalt für ihren Bezirk zugedacht wurde, bildete bei dem Ausscheiden der Gerichtsbarkeit, die vollständig dem Staate vorbehalten blieb, die Exekutive den sachlich motivierten Gegensatz, und war daher die Scheidung der Kompetenz von Ausschuß und Versammlung eine bewußte Anwendung des Prinzips der Gewaltenteilung.

[1] a. a. O., S. 105.

Die Erklärung für diese Besonderheit der belgischen Verfassungsurkunde liegt auf der Hand. Während die Statuierung der Provinzial- und Gemeindeorganisation als vierte Gewalt im Staate sich als eine kritiklose Übernahme des französischen pouvoir municipal darstellt, war die Einführung der Gewaltenteilung in die Provinzial- und Gemeindeverfassungen eine Konsequenz der historischen Entwicklung. Die Provinzen, in gewisser Hinsicht auch manche Gemeinden, waren ihrer ganzen Vergangenheit nach staatsähnliche Gebilde, und es war daher nur ein Festhalten an ihrer geschichtlich gegebenen Eigenart, wenn sie analog wie der Staat selbst behandelt wurden. Die Gleichstellung der Gemeinden untereinander sowie die Auflassung rechtlicher Unterscheidungen zwischen Stadt und Land bedingte es, daß dieser Grundsatz allgemein angewendet wurde, somit auch dort, wo die historischen Vorbedingungen nicht gegeben waren.

Bei dem gewaltigen Einflusse, den die belgische Verfassungsurkunde auf die damalige Begriffsbildung hatte, ist auch diese Besonderheit in das Bewußtsein weiterer Kreise übergegangen, ja, ist gerade in diesem Moment der gedankliche Kern der Gemeinde erblickt worden. Ganz in diesem Geiste meint Rottek: „In diesem Doppelverhältnis des nach einer Seite abhängigen und nach der andern selbständigen politischen Lebens besteht das Wesen der Gemeinde, im Verhältnis analog demjenigen, welches in Staatensystemen bei den Gliederstaaten, nämlich einerseits zum Gesamtstaat und anderseits zu den eigenen Angehörigen stattfindet“ [1].

§ 7.

Wenn im Anschlusse noch kurz die Schweizer Selbstverwaltung behandelt werden soll, so geschieht dies nicht darum, weil dieselbe auch nur einen entfernt ähnlichen Einfluß auf unsre Begriffsbildung genommen hat, sondern

[1] „Naturrecht“, III. S. 471.

vor allem aus dem Grunde, weil für die weitesten Laienkreise die Schweiz vielfach als klassisches Land der Selbstverwaltung gilt. Und noch aus einem andern Motiv: Wird sich doch hier Gelegenheit finden zu zeigen, wie die beiden bedeutendsten Volksideen des Kontinents ein und dieselbe Institution in ihrem Sinn zu interpretieren und dadurch zu etwas ihnen eigenem zu gestalten verstehen. Jene als erster Grund dieser Erörterung angeführte Auffassung ist vom wissenschaftlichen Standpunkte rasch erledigt. Sieht sie doch die Kantone als Träger der Selbstverwaltung an. Allerdings sind dieselben in ihrer historischen Entwicklung vielfach größeren Gemeinden zu vergleichen und die teilweise Neubildung von Kantonen durch die Mediationsakte Napoleons I. (1803—1815) macht den Eindruck einer Schaffung von Verwaltungsbezirken. Seit dem Wiener Kongreß aber werden die Kantone zweifellos als Staaten behandelt. Der Bundesvertrag vom 7. August 1815 gestaltet die Schweiz geradezu als Staatenbund[1], welcher durch den Beschluß der Tagsatzung vom 12. September 1848 in einen Bundesstaat umgewandelt wurde[2]. Die Kantone sind also Staaten und kommen insofern für eine von der Gemeinde ausgehende Begriffskonstruktion der Selbstverwaltung nicht in Betracht.

Um nun von dem Recht der Schweizer Gemeinde zu sprechen, so hängen ihre Anfänge mit der deutschen Allmendegenossenschaft zusammen. Neben dieser Realgemeinde entwickelt sich auch hier in den Städten die Bürgergemeinde. Dieses letztere — also personale Prinzip wurde auch für das offene Land verallgemeinert durch den Tagsatzungsbeschluß vom Jahre 1551, wonach „jedes ort, land, statt, flecken und kilchhöre“ für seine armen Leute

---

[1] Affolter, „Grundzüge des schweizerischen Staatsrechts“ (Zürich 1905), S. 7.

[2] Ebenda S. 9.

sorgen müsse. Die Gemeinden standen hierdurch vor der Notwendigkeit, ihre Angehörigen festzustellen, und so „ist die Unterstützungspflicht recht eigentlich die Wurzel des schweizerischen Heimatrechts“ [1]. Hauptsächlich auf dem so entwickelten persönlichen Moment fußend, kennt das schweizerische Gemeinderecht verschiedene Arten von Gemeinden, was sich insbesondere als ein gewisser Dualismus zwischen der Einwohner- und der Bürgergemeinde zeigt, welcher aber vielfach durch die Verlegung des Schwerpunktes in die politische Gemeinde, die Vereinigung der Bürger und Einwohner, überwunden wird.

Die äußere Organisation der Schweizer Gemeinde hat als Besonderheit die Gemeindeversammlung, welche aus allen in der Gemeinde wohnenden, stimmberechtigten Kantons- und Schweizerbürgern besteht. Daneben gibt es einen Gemeinderat als das vorberatende, verwaltende und vollziehende Organ. Aus dem umfangreichen Wirkungskreis der Gemeinde sei vor allem die gesamte Polizei im weitesten Sinne des Wortes hervorgehoben.

Diese kurzen Ausführungen mögen als genügendes sachliches Substrat für einen Hinweis genügen, welcher den andern Grund zur Erwähnung schweizerischer Verhältnisse abgegeben hat. Aus der früheren Darstellung kann als bekannt vorausgesetzt werden, wieweit auf dem Gebiete der Selbstverwaltung die deutsche und die französische Volksidee auseinandergehen. Es bedarf keines besseren Beweises für den Einfluß solcher Mächte auf öffentlich-rechtliche Institutionen als die Art, wie verschieden sich das Gemeindewesen in dem deutschen und in dem romanischen Teile der Schweiz entwickelt hat. Während in der deutschen Schweiz die Gemeindeversammlung den Schwerpunkt des Ganzen bildet, indem sie selbst über alle wichtigeren Fragen ent-

[1] Orelli, „Staatsrecht der Schweizer Eidgenossenschaft“, S. 125.

scheidet und die Vollziehung ihrer Beschlüsse sowie die Verwaltung kontrolliert, beschränkt sich ihre Tätigkeit in der romanischen Schweiz auf die Wahl des Gemeinderats. So kann denn Orelli seine Ausführungen über Schweizer Gemeinderecht mit der Feststellung eines ausgesprochenen Gegensatzes zwischen der deutschen und der romanischen Schweiz gerade auf dem Gebiete der Gemeindeorganisation schließen [1].

[1] a. a. O. S. 137.

IV.

Die deutsche Begriffskonstruktion der Selbstverwaltung.

§ 1.

Der großartige sekundäre Entwicklungsprozeß öffentlichen Rechts in Deutschland war seit dem 15. Jahrhundert in Stillstand geraten. Die Ursache hiervon war einerseits eine gewisse Abspannung des in ihm sich verwirklichenden Volksgeistes, ein Verwenden seiner Kräfte auf andere, insbesonders religiöse Gebiete, anderseits aber die beginnende Wirksamkeit eines Zeitgedankens, den Gierke treffend als die Obrigkeitsidee[1] bezeichnet. „Das charakteristische Merkmal dieses Gedankens ist, daß er den Staat als etwas vom Volke Verschiedenes setzt; — daß ihm die Obrigkeit die sichtbare Repräsentantin dieses abstrakten Begriffs ist, außer dem Staat aber nur Individuen existieren"[2]. Ein solches Prinzip mußte den Rechtsverwirklichungen jener sekundären Sphäre unbedingt feindlich gegenüberstehen, ja, es mußte in letzter Konsequenz die öffentlich-rechtliche Bedeutung jeder wie immer gearteten Gruppierung der Staatsbürger negieren. Es durfte neben dem Staatsrecht kein anderes öffentliches Recht geben. Die Verwirklichung dieses Gedankens mußte sich daher formell als eine In-

[1] „Genossenschaftsrecht" I, § 54, II.
[2] Ebenda S. 642.

korporierung der Städte als der Träger jenes sekundären Rechtsverwirklichungsprozesses in den Territorialstaat als den Repräsentanten der Obrigkeitsidee abspielen, materiell mußte sie eine Aufsaugung der Stadtrechte durch das Staatsrecht bedeuten.

Wie schon erwähnt, war es der Territorialstaat, in dem sich die Obrigkeitsidee manifestierte. Ganz im Sinne derselben war nun er der Träger der primären staatsrechtlichen Entwicklung, da der Reichsgedanke vollständig in den Hintergrund getreten war. Seine Auffassung der Staatsaufgaben und damit seine Rechtssphäre war durch die Aneignung der Ergebnisse der stadtrechtlichen Entwicklung erweitert worden. Die Vorsorge des Staates für den Staatsbürger, also die Berücksichtigung der individuellen Interessen war die ideelle Folge davon. Bei Anwendung des Obrigkeitsgedankens mußte es aber Sache des Staates sein, zu bestimmen, was zum allgemeinen wie individuellem Wohle gereiche, und so wurde dem einzelnen nicht gestattet seine eigenen Interessen nach Gutdünken zu verfolgen, er durfte dies vielmehr nur auf die von der Behörde bereits vorbedachte Weise tun, kam somit unter die Bevormundung des Polizeistaats. Dadurch war man zu einer rein äußerlichen Auffassung des Staatsgedankens gelangt, die ebenso wie die alte Reichsidee die individuellen Kräfte nicht für sich verwertete und daher die Voraussetzungen für eine sekundäre Entwicklung gab. Freilich konnte eine solche zunächst nicht einsetzen gegenüber dem unbeschränkten Rechtsmonopol, das sich der absolute Staat zu eigen gemacht hatte. Dieses wurde noch durch den unbeschränkten Konzentrationsgedanken der französischen Volkssouveränität verstärkt, der in der durch die Napoleonische Diktatur auch für den absoluten Staat brauchbar gemachten Formulierung verwertet wurde und für diesen nichts weniger als eine Modernisierung im Geiste einer neuen Zeitidee zu bedeuten schien. Unter dem Deckmantel einer wirtschaftlichen wie sozialen und damit auch politischen Ausgleichung und Neugestaltung konnten da die letzten Reste lokaler Selbständigkeit beseitigt werden. Als Typus hierfür mag das bayrische Edikt vom 24. September 1808 gelten. Stadt und Land wurden gleichgestellt, die Untertänigkeit der Dörfer, die Sonderstellung feudaler Güter beseitigt. Nicht historische Überlieferung, sondern administrative Zweckmäßigkeit sollte die Gemeindegrenzen bestimmen. Im übrigen stehen die Gemeinden unter staatlicher Kuratel. Die Gemeindevertretungen werden zwar teilweise gewählt, entbehren aber jedes auch nur einigermaßen selbständigen Wirkungskreises.

Die im Volke wirksamen Kräfte waren auf diese Weise ganz ausgeschaltet, die ihrer Berücksichtigung günstige Zeitidee war in einer ihr innerstes Wesen verkennenden Weise zur Anwendung gebracht worden. Das alles konnte selbstverständlich die natürliche Entwicklung nicht aufhalten. Die latenten Kräfte mußten lebendig werden, sobald ein Anstoß von außen die bestehende Ordnung ins Wanken brachte. Und diesen gaben die Napoleonischen Kriege. Die Territorialstaaten mit ihren einen integrierenden Teil ihres Organismus bildenden regulären Armeen waren dem Franzosenkaiser unterlegen, ihre ebenfalls einen Wesensteil derselben bildende Diplomatie hatte schimpfliche Bündnisverträge geschlossen. Da war es die dem Staatsorganismus gegenüber nur rein privatrechtlich in Betracht kommende Masse der Individuen, da war es das im Staatsgedanken gar nicht vorhandene Volk, welches durch seine Freiwilligenscharen den Befreiungskampf zu einem siegreichen Ende führte. Dadurch war nicht nur im Volke selbst das Bewußtsein seiner staatsrechtlichen Bedeutung und Berechtigung rege geworden, es war auch bei den die Obrigkeit repräsentierenden Persönlichkeiten die Erkenntnis gereift, daß die von ihnen vertretene Idee sich nicht mehr mit der gleichen Konsequenz festhalten lassen werde. Darauf ist wohl der Artikel XIII der Bundesakte zurückzuführen, der freilich sehr akademisch bestimmt, daß in allen Bundesstaaten „landständische Verfassungen" bestehen sollen. Dieses Zugeständnis an den Zeitgeist war aber fraglos ganz im Sinne der Obrigkeitsidee gemeint und sollte an ihrem Wesen nicht das geringste ändern.

Nur in Preußen schienen die Dinge einen andern Lauf nehmen zu wollen. Hier waren auch die Voraussetzungen für eine Neugestaltung durch die vollkommene Niederlage des alten Systems am markantesten gegeben. Treffend führt dies Max Lehmann in seiner Steinbiographie aus: „Erst mußte das mit den Ansprüchen der absoluten Monarchie und den Aspirationen des Erbadels so eng verbundene friderizianische Heer auf dem Schlachtfelde unterlegen sein, ehe von einer Reform im Ernste die Rede sein konnte. Das war nun geschehen. Die Hinfälligkeit der bestehenden Ordnungen war mit einer auch für das blödeste Auge ausreichenden Deutlichkeit bewiesen worden. — Es hieße den Gang der geschichtlichen Entwicklung verkennen, wenn man diesen jähen Sturz lediglich als die Folge eines militärischen Ereignisses auffassen wollte, das ebensogut, wie es geschah, auch hätte unterbleiben können. Im Gegenteil, die charakteristischen Merkmale des Staates, die provinziale Trennung, der soziale Zwiespalt, die Bevormundung und Lähmung der individuellen Kräfte, sie wirkten nach bis aufs Schlachtfeld" [1].

Diesem Bankerott des Obrigkeitsgedankens gegenüber erstand Preußen in dem Freiherrn Karl vom Stein ein Prophet der neuen Zeitidee. „Man muß die Nation daran gewöhnen," schrieb er kurz nach seiner Berufung zur Leitung der Staatsgeschäfte im Jahre 1807 an Hardenberg, „ihre

[1] Steinbiographie II S. 63.

eigenen Geschäfte zu verwalten und aus jenem Zustand der Kindheit herauszutreten, in dem eine immer unruhige, immer dienstfertige Regierung die Menschen halten will. Der Übergang aus dem alten Zustand der Dinge in eine neue Ordnung darf nicht zu hastig sein, und man muß die Menschen nach und nach an selbständiges Handeln gewöhnen, ehe man sie zu großen Versammlungen beruft und ihnen große Interessen zur Diskussion anvertraut". Ganz aus diesem Gedankengang heraus begann Stein sein Reformwerk. Zunächst hieß es als Voraussetzung jeder politischen Freiheit die Menschen persönlich und wirtschaftlich unabhängig zu machen. Dies war der Zweck des Edikts vom 9. Oktober 1807 „den erleichterten Besitz und den freien Gebrauch des Grundeigentums, sowie die persönlichen Verhältnisse der Landbewohner betreffend". Sein Kernpunkt war der § 12: „Nach dem Martinitage 1810 gibt es nur freie Leute". Im übrigen ging „die ganze Tendenz des Oktoberedikts, wie auf Beseitigung der ständischen Rechtsunterschiede, so auf Aufhebung des rechtlichen Gegensatzes von Stadt und Land aus, der neben jenem die Grundlage des alten Systems gebildet hatte"[1]. In Konsequenz dieser letzteren Tendenz wäre im weiteren eine für die Städte wie das flache Land gleichmäßig geltende Organisation zu schaffen gewesen. Hier aber mußte sich die Macht des Reformators gegenüber dem schon durch das Oktoberedikt verletzten Adel als zu schwach erweisen und eine politische Emanzipation des Bauern als undurchführbar erscheinen lassen. Jahrhundertelange Übung hatte hier die Verhältnisse so sehr stabilisiert, daß ein daran etwas änderndes Gesetz eine Revolution von oben bedeutet hätte. So mußte denn die ganze Aktion auf die Städte beschränkt werden. Hier „konnte man immerhin an Erinnerungen der Vergangenheit anknüpfen; die noch

[1] Preuß, „Entwicklungsgeschichte der deutschen Städteverfassung". S. 220.

vorhandenen Rudimente älterer Zustände waren hier nicht wie auf dem Land zu beseitigen, vielmehr in ihre ursprüngliche Gestalt und Bedeutung wieder herzustellen. Das Prinzip persönlicher Freiheit und wirtschaftlicher Selbständigkeit war ja die wichtigste Wurzel aller bürgerlichen Entwicklung, eine elementare Errungenschaft städtischen Wesens, die in allem Jammer der letzten Jahrhunderte doch nicht völlig verloren gegangen war. Und wenn es der schöpferische Leitgedanken des ganzen Reformwerkes war, den korporativen Charakter alles politischen Gemeinlebens organisatorisch auszugestalten, so knüpfte es eben damit an den ursprünglichen und immanenten Charakter städtischer Verfassung an"[1]. Aber keine kritiklose Wiederbelebung der alten Institutionen sollte geschaffen werden, nein, die überlieferte Volksidee wurde im Sinne der sich allgemein geltend machenden Zeitidee reformiert. Die Anhaltspunkte hierfür gab nicht weniger Kantsche Moralphilosophie als die Gesetze der constituante, ebenso wie die Erfahrungen des Freiherrn von Vincke, der von einer Studienreise nach England die Erkenntnis zurückgebracht hatte, „daß die Freiheit ungleich mehr auf der Verwaltung als auf der Verfassung beruhe"[2]. Zunächst mußte die durch das alte Zunftwesen geschaffene Gliederung fallen. Die dadurch begründete rechtliche Gleichstellung der Bürger fundierte eine neue Fassung des Wesens der Stadt. Das liegt implicite schon in den einleitenden Worten der neuen Städteordnung: „Der besonders in neuen Zeiten sichtbar gewordene Mangel an angemessenen Bestimmungen in Absicht des städtischen Gemeinwesens und der Vertretung der Stadtgemeinde, das jetzt nach Klassen und Zünften sich teilende Interesse der Bürger, und das dringend sich äußernde Be-

[1] Preuß a. a. O. S. 225.

[2] Vincke, „Darstellung der inneren Verwaltung Großbritanniens", 1848, herausgeg. von Niebuhr.

dürfnis einer wirksamen Teilnahme der Bürgerschaft an der Verwaltung des Gemeindewesens, überzeugen uns von der Notwendigkeit, den Städten eine selbständigere und bessere Verfassung zu geben . . ." Daraus ergab sich auch die Auffassung der Stellung und Aufgabe der Stadtverordneten: „Das Gesetz und ihre Wahl sind ihre Vollmacht, ihre Überzeugung und ihre Ansicht vom gemeinen Besten der Stadt ihre Instruktion, ihr Gewissen aber die Behörde, der sie deshalb Rechenschaft zu geben haben. Sie sind in vollstem Maße Vertreter der ganzen Bürgerschaft, mithin so wenig Vertreter des einzelnen Bezirks, der sie gewählt hat, noch einer Korporation, Zunft usw., zu der sie zufällig gehören".

Die neue Rechtssphäre der Stadt zeichnet der Immediatbericht mit den Worten: „Nach solcher (sc. der neuen Städteordnung) erhalten die Bürgerschaften eine zweckmäßig geordnete Verfassung, um frei von der Vormundschaft handeln zu können. — Die Bürgerschaft bekommt die ungeteilte Verwaltung ihres Gemeinwesens. Die ganze Einwirkung des Staates beschränkt sich auf die bloße Aufsicht, daß nichts gegen den Zweck des Staates vorgenommen werde und die bestehenden Gesetze befolgt werden." Diese „ungeteilte Verwaltung ihres Gemeinwesens" ist aber offenbar einschränkend zu interpretieren. Es ist im 2. Abschnitt hervorgehoben worden, wie gerade die Bildung des Begriffs der Polizei eine bezeichnende Errungenschaft mittelalterlichen Städtewesens ist. Dieser Begriff ist, wie ebenfalls an angeführter Stelle erwähnt wurde, damals ziemlich weit gefaßt worden. In dieser Form hat ihn der Territorialstaat von den Städten übernommen, so daß nach dem preußischen Allgemeinen Landrecht die Polizei als die gesamte innere Fürsorge des S t a a t e s für die Sicherheit und Wohlfahrt der Gemeinschaft erscheint.

Es war also ein legal motivierter Standpunkt, den

Theodor von Schön bei Redigierung der Städteordnung einnahm, wenn er verlangte, den Städten gelegentlich dieser Reorganisation Gericht und Polizei abzunehmen, die ja doch in jener patrimonialen Art geübt wurden, gegen die sich das ganze neue System wandte. Dieser Forderung widersprachen Frey, Altenstein, Stägemann, die sich auf die alte deutsche Städteverfassung beriefen. Schön sah dagegen in der städtischen Polizei einen Ausfluß reichsstädtischen Wesens, eine Vermischung von höchster Gewalt und Kommune [1]. Diesen Zwiespalt legt Stein durch einen Kompromißvorschlag bei, der die Polizei prinzipiell als Staatsmonopol erklärte, die Ausübung der Ortspolizei aber dem Magistrat als ein vom Staat übertragenes Recht zuwies. Preuß glaubt, daß Stein hierbei das Dekret vom 14. Dezember 1789 vorschwebte, wonach die Polizei delegiert wird, „par l'administration générale de l'état aux municipalités". Sicher ist, daß hier rechtlich ein ganz anderes Resultat erreicht wurde. Dort wurde durch Delegierung der Polizei an die Gemeinde ein übertragener Wirkungskreis der Gemeinde geschaffen, hier wurde diese Funktion direkt dem Magistrat übertragen und dieser somit in ein unmittelbares Dienstverhältnis zum Staate gebracht [2]. Dabei behielt die Städteordnung die alte, umfassende Formulierung des Polizeibegriffs, daß die Ortspolizei „hauptsächlich für die Sicherheit und das Wohl der städtischen Einwohner tätig ist". (§ 167 St.-O.) Die Staatsaufsicht beschränkte sich nach § 2 St.-O. auf die Einsichtnahme in die gedruckten Rechnungsextrakte, die Entscheidung über Beschwerden einzelner Bürger oder ganzer Abteilungen über das Gemeinwesen, die Bestätigung neuer Statuten und die Genehmigung

[1] E. v. Meier, „Französische Einflüsse" II, S. 332 und Lehmanns Steinbiographie II, 472 f.

[2] Neben Preuß a. a. O. S. 251 vgl. auch Rosin in den Annalen des D. R. 1883, S. 294.

der Wahl von Magistratsmitgliedern[1]. Trotzdem blieb die Gemeinde „noch ganz innerhalb der Staatsverwaltung“[2], insofern als nirgends ein gedanklicher Gegensatz zu der letzteren Raum fand.

Die wissenschaftliche Kritik nahm die Städteordnung im allgemeinen günstig auf. So äußerte sich Dahlmann[3]: „Preußens Ziel war einfach. Die Städte sollten selbständig, aber nicht wie vor alters her Staat im Staate sein. Darum sollen sie wiedererhalten, wo man ihnen diesen genommen hat, ihren Haushalt, sollten abgeben, was des Staates ist, Polizei und Justiz; ihr Gemeinwesen soll nicht länger von unabhängigen Korporationen mit lebenslänglichen, fast erblichen Mitgliedern aber auch nicht von Staatsbeamten, es soll von Gemeindebeamten, von wechselnden Behörden, deren Wahl von der Bürgerschaft ausgeht, geleitet werden.“

Bald sahen sich auch die süddeutschen Staaten genötigt, das Napoleonische Munizipalsystem aufzugeben und der geltenden Zeitidee sachliche Zugeständnisse zu machen. Ohne Frage geschah dies unter starker Anlehnung an die Steinsche Städteordnung. So klingt der die bayrische Reform vorbereitende Bericht des Staatsrates Zentner[4] geradezu wie eine Paraphrase Steinscher Ideen: „Jedem Gemeindegliede muß ein ihm angemessener Grad von Teilnahme an den gemeinsamen Angelegenheiten zugestanden werden. Wenn der einzelne sich dadurch selbst als unmittelbares Glied eines Ganzen, einer öffentlichen Gemeinschaft empfindet, so hört er auf, sein Selbst allein zum Zweck zu nehmen, es wird ein Sinn für das Öffentliche,

[1] Im ursprünglichen Entwurf fehlte jede Bestimmung über die Staatsaufsicht. In der die Beratungen abschließenden Generalkonferenz drang jedoch Stein auf diese ausdrückliche Formulierung. Vgl. Lehmann II, S. 484.

[2] Hatschek, „Selbstverwaltung“, S. 72.

[3] „Politik“ I, S. 247.

[4] M. v. Seydel, „Bayr. Staatsrecht“ II, S. 7.

ein Gemeinsinn wieder erstehen." Aus diesem Gedankengang heraus entstand das Edikt vom 17. Mai 1818. Es kannte einen Magistrat und einen Gemeindeausschuß, die auf Grund eines komplizierten Wahlmodus zu wählen waren. In den Wirkungskreis des Magistrats gehörte auch die Ortspolizei im Staatsauftrag. Das Napoleonische Munizipalsystem erschien aufgegeben, indem Städte und größere Marktgemeinden eine von den Landgemeinden verschiedene Verfassung erhielten. Von ähnlichen Anschauungen ging die württembergische Reform aus, die durch die Edikte von 1817 und 1818 eingeleitet, in dem Verwaltungsedikt für Gemeinden, Oberämter und Stiftungen vom 1. März 1822 niedergelegt erscheint. Doch sind hier die Unterschiede zwischen städtischer und Landgemeinde-Verfassung außerordentlich geringe, ebenso wie die Grenze zwischen beiden durch das rein äußerliche Moment der Bevölkerungsziffer gegeben ist.

Alle diese Gesetze sind als Versuche aufzufassen zwei aufeinanderfolgende Zeitideen miteinander in Einklang zu bringen, Übergänge vom Obrigkeitsgedanken zum konstitutionellen Staat zu schaffen. Aber gerade hier zeigt sich die Unversöhnlichkeit der Zeitideen, ihre wechselseitige Verständnislosigkeit füreinander. Besonders markant tritt das bei der preußischen Städteordnung zutage. Steins Absicht war ja „den Übergang aus dem alten Zustand der Dinge in eine neue Ordnung nicht zu hastig sein" zu lassen, er wollte „die Menschen erst nach und nach an selbständiges Handeln gewöhnen, ehe man sie zu großen Versammlungen beruft" [1]. Seine Städteordnung sollte also nur eine Vorbereitung für eine konstitutionelle Gestaltung des ganzen Staatswesens, für eine Umbildung desselben im Geiste der neuen Zeitidee sein. Dazu kam es aber nicht, und so

[1] Siehe den oben zitierten Brief an Hardenberg.

mußte seine Städteordnung ein Torso bleiben, ein fremder zusammenhangloser Eindringling im Organismus des absoluten Staates [1]. Darum stieß schon ihre Einführung auf Schwierigkeiten, darum interpretierte man sie zielbewußt im Geiste der Reaktion [2]. Ihr wahrer Sinn wurde zwar durch Humboldts Denkschrift vom 21. November 1819 ins rechte Licht gerückt, ohne daß jedoch damit ein praktischer Erfolg erzielt worden wäre. Im Gegenteil begann bald ein ausgedehnter Kampf gegen die Städteordnung, der eine Revision derselben in absolutistisch-patrimonialer Richtung anstrebte. Noch einmal trat Humboldt mit einer in warmen Worten gehaltenen Denkschrift für ihre unveränderte Beibehaltung ein, doch vergeblich. Die revidierte Städteordnung vom 17. März 1831 ließ den Städten nur den Schein von Selbstverwaltung und Autonomie. Dies dokumentierte sich darin, daß bei allen bedeutenderen Verfügungen die staatliche Genehmigung notwendig wurde und überhaupt die Regierung dafür zu sorgen hatte, „daß die Verwaltung fortwährend in dem vorgeschriebenen Gange bleibe". Was die Ortspolizei anbelangt, so wurde hier Steins verhängnisvoller Kompromißantrag weiter ausgebaut. Die Handhabung derselben konnte nach der revidierten Städteordnung nicht nur dem Magistrat, sondern geradezu einer bestimmten Person innerhalb desselben übertragen werden. Damit war das Prinzip des Staatsamtes im Magistratskollegium zur Vollendung gelangt. Ein Blick auf die angeführten Bestimmungen der neuen Städteordnung lassen erkennen, daß damit in Preußen die Obrigkeitsidee auch weiterhin die herrschende blieb, daß jener Torso des Steinschen Reformwerkes seinem Grundgedanken nach beseitigt war.

[1] Preuß a. a. O. S. 264.

[2] Hatschek findet freilich, daß gerade diese Publizistik die Steinschen Ideen „weiter ausgeführt" hat. „Selbstverwaltung", S. 72.

Daß es so kommen mußte, war eine Folge der Eigenartigkeit jener Persönlichkeit, die die preußische Städteordnung geschaffen hatte. Es ist ein alter Streit, ob die in der großen Masse lebendigen sozialen Gewalten, ob einzelne Individuen von zwingender suggestiver Macht die Geschichte gestalten. Durch die Aufstellung von in Volk und Zeitalter lebendigen Ideen haben wir uns im allgemeinen für die erstere Auffassung entschieden, und sie trifft auch hier insofern zu, als Steins in der oben zitierten Briefstelle zusammengefaßte Zukunftspläne vollkommen der damals erwachenden Zeitidee entsprechen. Die Art aber, wie dieser Mann sie erfaßte, war eine durchaus eigenartige. Es mag dahingestellt sein, ob er wirklich, wie neuerdings behauptet wurde, kein moderner, sondern nach damaligen Begriffen ein altmodischer Mensch war, ob er wirklich zu einer älteren Schicht deutscher Kultur gehörte. Das eine aber mag richtig sein, daß es „altgermanische Rechtsvorstellungen waren, in denen er lebte und webte; eine durch Geburtsstände beschränkte Monarchie, eine Gemeinde freier Grundeigentümer an der Walstatt, korporative Gestaltungen“ [1]. Wieviel Raum neben einer solchen Auffassung für Einflüsse der französischen Revolution blieb, sei hier nicht erörtert. Es ist dies sattsam in der Kontroverse zwischen Max Lehmann und Ernst von Meier geschehen [2]. Es sei infolgedessen auch nicht die Frage besprochen, ob die in der Städteordnung durchgeführte Unterscheidung zwischen abstrakter und konkreter Verwaltungstätigkeit und die getrennte Übertragung dieser beiden Arten von Verwaltungsfunktionen eine Anwendung der Gewaltenteilungstheorie

[1] E. von Meier, „Französische Einflüsse auf die Staats- und Rechtsentwicklung Preußens im XIX. Jahrh.“, II. Bd. S. 205.

[2] M. Lehmann, „Freiherr vom Stein“, 3 Bände, und das in Anm. 1 angeführte Buch Meiers.

bedeutet[1]. Aber das eine scheint sicher, daß die Volksidee in Steins Formulierung sich nicht auf die Resultate sekundärer Entwicklung beschränkte, daß sie auf den primären Staatsgedanken hinübergriff, doch nicht im Sinne der Zeitidee, sondern auch da unter Anknüpfung an historische Tatsachen, die schon durch die Obrigkeitsidee überwunden waren und deren Wiederaufleben ausgeschlossen sein mußte. So blieb diese Auffassung der eigentlichen Zeitidee um so mehr fremd, als auch jene Momente, welche die letztere dem allgemeinen Bewußtsein vermittelten, nicht einbezogen waren und insbesondere die heimische Quelle derselben, das Naturrecht, von Stein selbst abgelehnt wurde[2].

Darum mußte sein Werk zusammenhanglos bleiben, ohne eine weitere Ausbildung zu erfahren. So war es den mächtigen reaktionären Einflüssen fast wehrlos preisgegeben, und es bedurfte nur des Zurücktretens der diesen geistig überlegenen Persönlichkeit Steins, um ihnen zum Siege zu verhelfen. Dann konnte dessen Werk im Geiste der Reaktion interpretiert werden, konnte sein weiterer Ausbau in ihrem Sinne geschehen. Das Skelett, das übrig blieb, war dem ursprünglichen Gedanken ganz entfremdet, es war ganz vom alten Obrigkeitsgedanken durchsetzt und so bedeuteten die ihrer gedanklichen Grundlage beraubten Institutionen der Städteordnung schon bald nach Stein das, was Rudolf von Gneists Lehre später wissenschaftlich ausbildete: die formelle, des materiellen Inhalts entbehrende Selbstverwaltung.

Inzwischen war die neue Zeitidee in Deutschland allgemein zum vollen Durchbruch gelangt. Sie hatte sich

[1] Lamp, „Das Problem der städtischen Selbstverwaltung“, S. 20. Die von Lamp als Beweis angeführte Randbemerkung in einem Brief an Hardenberg wird von ihm nicht näher zitiert, weshalb ihre Beweiskraft nicht geprüft werden konnte.

[2] E. von Meier a. a. O. Bd. II S. 209.

vom Auslande dorthin fortgepflanzt, hatte aber außerdem in der neuen naturrechtlichen Schule auch bodenständige Vertreter gefunden. „Freiheit und Recht sind die Losungsworte der heutigen Zeit!" ruft Rottek in der Vorrede zu seinem Naturrecht[1] aus; Freiheit und Recht bildeten das Grundprinzip der Forderungen, die die große vom öffentlichen Rechte unberücksichtigt gelassene Masse gegenüber dem Staate stellte, auf Freiheit und Recht wollte man den neuen konstitutionellen Staat aufbauen und Freiheit und Recht sollten maßgebend sein für die Gestaltung des Verhältnisses zwischen Gemeinde und Staat.

Was nun dieses letztere anbelangt, so begnügte man sich bald nicht mehr mit der ruhigen Auffassung eines Dahlmann, der das Wesen der Gemeinde in einer gewissen Summe gemeinsamer Zwecke, für welche man Mittel suchen will, das der Ortsgemeinde in der Beziehung ihrer Gemeindeangelegenheiten auf ein gewisses Gebiet erblickte, das Wesen der politischen Gemeinde dagegen darin fand, daß sie vom Staat in dem, was sie ist und hat, anerkannt sei[2]. Gerade in diesem letzteren Punkt ging die weitere Ausgestaltung der Zeitidee weit über Dahlmann hinaus, die sie repräsentierenden Begriffskonstruktionen erachten eine Anerkennung seitens des Staates für irrelevant, da die Gemeinde „zu den in sich selbst freien und von vornherein selbständigen Grundlagen der Staatsordnung"[3] gehöre. Und da man weiterhin dieselbe Begriffsbestimmung auf den Staat wie auf die Gemeinde für anwendbar hielt[4], so ergab sich daraus die Folge, daß man die Gemeinde als einen Staat im Kleinen[5], als ein Analogon des Staates auffaßte[6].

[1] I. Band, S. XIV.

[2] „Politik", S. 241.

[3] Zachariä, „Deutsches Staats- und Bundesrecht" I, S. 574.

[4] Rottek, „Naturrecht" III, S. 470.

[5] Ebenda.

[6] Zachariä a. a. O. S. 575.

Solchen allzu subjektiv gehaltenen Formulierungen gegenüber hat erst Brater die mittlere Linie der damaligen Anschauung gefunden, wenn er meint: „Die politische Gemeinde ist kein mikrokosmischer Staat; aber ihr Wirkungskreis, soweit er reicht, ist dem staatlichen gleichartig" [1]. Insofern ist sie „als ein selbständiger Organismus vom Staate nicht geschaffen, lebt nicht von ihm und geht nicht mit ihm unter" [2]. Daraus folgt für ihn als das richtige System die Selbstregierung unter Staatsaufsicht [3], diese letztere darum, weil die Gemeinde ja doch kein absolut selbständiger Organismus, sondern vom Staat in gewissem Sinne abhängig ist [4]. Das Recht der Selbstregierung muß sich aber seinem Wesen nach scheiden in Selbstgesetzgebung und Selbstverwaltung. Diese Gliederung ergibt sich als Anwendung des Prinzips von der Teilung der Gewalten auf die Gemeinde, da die früheren jurisdiktionellen Befugnisse der Gemeinden ganz auf den Staat übergegangen sind, was auch die wissenschaftliche Theorie durchaus billigt. Brater erachtet die Rechte städtischer Gerichtsbarkeit als eine historische Reminiszenz, „und die städtische Gerichtsbarkeit in ihrer früheren Bedeutung herzustellen, wäre ebensowenig wünschenswert als ausführbar" [5].

Was nun das Anwendungsgebiet der Selbstverwaltung anbelangt, so ist es eine bedeutungsvolle Leistung der damaligen Theorie, daß sie dasselbe im Schnittpunkt von Volks- und Zeitidee sucht. Sie findet den Versuch, den Wirkungskreis der Gemeinde zu bestimmen, „nur ausführbar mit Rücksicht auf ein bestimmtes Volk — für uns das deutsche — und hier wieder mit Rücksicht auf die gegen-

[1] Brater in Bluntschlis Staatswörterbuch IV, S. 112
[2] Ebenda S. 113.
[3] Ebenda S. 152.
[4] Ebenda S. 146.
[5] a. a. O. S. 140.

wärtige Entwicklungsperiode“ [1]. Und da legt sie in richtiger Festhaltung der Tradition den Schwerpunkt des eigenen Wirkungskreises der Gemeinde in die Ortspolizei, d. h. diejenige Polizei, welche die Sicherung gegen örtliche Gefahren und Nachteile und die Förderung lokaler Wohlfahrtsinteressen zum Gegenstand hat [2], und in den Gemeindehaushalt, d. i. die selbständige Verwaltung des Gemeindevermögens und die Besteuerung der Gemeindeglieder für Erfüllung der Gemeindezwecke [3]. Dieses Recht der Selbstverwaltung wird ergänzt durch das Recht der Gesetzgebung in Beziehung auf Verfassung und Verwaltung der Gemeinde und die Regelung der Gemeindeangelegenheiten innerhalb der durch die Gesetzgebung des Staates vorgezeichneten Grundzüge und Schranken [4]. Die Grenzen derselben sind durch die Grenzen des Wirkungskreises gegeben, doch verkennt die Theorie nicht die Tatsache, daß die Praxis dieselben noch enger zu ziehen pflegt [5]. Daneben anerkannte man einen übertragenen Wirkungskreis der Gemeinde, von welchem aus die Gemeinde als staatlicher Verwaltungsbezirk erschien. Doch wurde betont, daß diese „Einrichtung nicht notwendig mit dem Wesen der Gemeinde verbunden“ sei [6]. Diese Einführung des übertragenen Wirkungskreises sowie das Fallenlassen der Scheidung zwischen Stadt- und Landgemeinde sind die wesentlichsten Momente, in welchen die liberale Theorie sich in Gegensatz mit der Volksidee stellt. In beiden Fällen ist sie offenbar ziemlich kritiklos den zeitgemäßen französischen Mustern gefolgt. Die Frage der Staatsaufsicht wurde von dieser Theorie eigentlich nur

[1] Brater a. a. O.
[2] Zachariä a. a. O. I, S. 578.
[3] Ebenda I, S. 577.
[4] Ebenda I, S. 576.
[5] Brater a. a. O.
[6] Ebenda S. 112.

negativ behandelt, indem man ängstlich bemüht war Garantien gegen Eingriffe der Regierung in die eigene Sphäre der Gemeinde zu schaffen. Nichtsdestoweniger konnte man sich der Erkenntnis der Notwendigkeit einer gewissen Aufsicht nicht verschließen. Man wollte daher teils dem Staate wenigstens eine schiedsrichterliche Stellung über den Gemeinden eingeräumt wissen, teils dachte man als Aufsichtsorgan eine „höhere Gemeinde“ zu schaffen. Diese letztere mag wohl, wie Hatschek[1] ausführt, ihr Vorbild in den belgischen Provinzverbänden haben.

Ihre programmatische Objektivierung haben diese Konstruktionen durch die Frankfurter „Deutsche Reichsverfassung“ gefunden. Der § 184 derselben besagt:

„Jede Gemeinde hat als Grundrecht ihrer Verfassung:

a) die Wahl ihrer Vorsteher und Vertreter;

b) die selbständige Verwaltung ihrer Angelegenheiten mit Einschluß der Ortspolizei, unter gesetzlich geordneter Oberaufsicht des Staates;

c) die Veröffentlichung ihres G. Haushaltes;

d) Öffentlichkeit der G. Verhandlungen als Regel.“

Die zeitgemäße Kritik dieses Programms hebt anerkennend die Aufnahme der Ortspolizei in den eigenen Wirkungskreis der Gemeinde hervor, vermißt jedoch unter anderem vor allem eine Fixierung der Gemeinde-Autonomie[2].

Als Durchführung dieses Programms in Österreich erscheint der § 33 der Verfassung vom 4. März 1849.

Dieser bestimmte:

„Der Gemeinde werden als Grundrechte gewährleistet:

a) die Wahl ihrer Vertreter;

b) die Aufnahme neuer Mitglieder in den Gemeindeverband;

c) die selbständige Verwaltung ihrer Angelegenheiten;

---

[1] „Selbstverwaltung“, S. 77.

[2] Brater a. a. O. S. 126.

d) die Veröffentlichung der Ergebnisse ihres Haushaltes, und in der Regel

e) die Öffentlichkeit der Verhandlungen ihrer Vertreter. Die nähere Bestimmung dieser Grundrechte der Gemeinden, und insbesondere die Bedingungen für die Aufnahme in den Verband einer Gemeinde enthalten die Gemeindegesetze."

„In Berücksichtigung des Bedürfnisses die in dem § 33 dieser Verfassung gewährleisteten Grundrechte zur Erfüllung zu bringen" traf dann das provisorische Gemeindegesetz vom 17. März 1849 folgende allgemeine Bestimmungen:

I.

Die Grundfeste des freien Staates ist die freie Gemeinde.

II.

Der Wirkungskreis der freien Gemeinde ist:

a) der natürliche;
b) ein übertragener.

III.

Der natürliche umfaßt alles, was das Interesse der Gemeinde zunächst berührt und innerhalb ihrer Grenzen vollständig durchführbar ist.

Er erhält nur mit Rücksicht auf das Gesamtwohl durch das Gesetz die notwendigen Beschränkungen.

Der übertragene umfaßt die Besorgung bestimmter öffentlicher Geschäfte, welche der Gemeinde vom Staate im Delegationswege zugewiesen werden.

IV.

Die Verwaltung der in den natürlichen Wirkungskreis der Gemeinde gehörenden Angelegenheiten steht der Gemeinde selbst zu, welche sich durch die Majorität ihrer Vertretung ausspricht.

V.

In Bezug auf den natürlichen Wirkungskreis ist der Gemeindevorsteher das vollziehende Organ.

Auch in Preußen wurde durch den Artikel 104 der oktroyierten Verfassung vom 5. Dezember 1848 eine Objektivierung im Sinne der programmatischen Grundrechte vorgenommen. Der Gemeinde steht demnach „die selbständige Verwaltung ihrer Gemeindeangelegenheiten zu sowie die Ortspolizei, ausgenommen in Städten von über 30000 Einwohnern, in welchen die Polizei besonderen Behörden übertragen werden kann".

Unter Mitwirkung der auf Grund desselben Verfassungsoktrois gebildeten Kammern entstand dann der Artikel 105 der Verfassung vom 31. Januar 1850, dessen allgemein gehaltene Bestimmungen über die Einrichtung von gewählten Vertretungen sich nicht auf Gemeinden beschränkten, sondern sich auch auf die Kreise, Bezirke und Provinzen bezogen. Im übrigen wurde auf eine in Bälde zu erlassende Gemeindeordnung verwiesen. Diese kam auch gleichzeitig mit einer neuen Kreis-, Bezirks- und Provinzialordnung sowie einem Polizeiverwaltungsgesetz am 11. März 1850. Die neue Gemeindeordnung beseitigte den Unterschied zwischen Stadt- und Landgemeinden und, indem sie die Gemeindeverfassung nach durchaus städtischem Muster zumeist unter Anlehnung an die revidierte Städteordnung von 1831 zuschnitt, bedeutete sie „organisatorisch eine Urbanisierung des ganzen Staates" [1]. Trotzdem sie dem Geiste der 48er Bewegung entsprossen war, so ist doch ein Fortdauern jener bei Besprechung der Revision der Steinschen Städteordnung ausgeführten Tendenz unverkennbar. Das beweist die ganze Art der Organisation der Gemeindevertretung, noch mehr aber die Bestimmungen des gleichzeitigen Polizeiverwaltungsgesetzes:

---

[1] Preuß, „Städteverfassung", S. 345.

In Städten mit über 10000 Einwohnern sollte es im Belieben des Ministers des Innern stehen, staatliche Polizeiverwaltung einzuführen. In den übrigen Fällen wurde sie von den Bürgermeistern im Staatsauftrage und in Unterordnung unter die staatlichen Behörden gehandhabt. Als besonders bemerkenswert an der Gemeindeordnung von 1850 sei schließlich angeführt, daß sie die alte Ortsbürgergemeinde durch die Einwohnergemeinde ersetzte.

Diese Objektivierungen der 1848er Ideen waren nicht von langer Gültigkeit. Die österreichische Gemeindeordnung wurde mit Kabinettsorder vom 31. Dezember 1851, die preußischen Märzgesetze des Jahres 1850 am 24. Mai 1853 aufgehoben.

§ 2.

So sehr die subjektiven Begriffskonstruktionen der den Standpunkt der „freien Gemeinde" verfechtenden Publizistik als auch deren gesetzliche Objektivierungen dem gleichen Gedanken wie das französische pouvoir municipal entsprungen schienen, so waren sie im Grunde genommen etwas anderes und zwar insofern, als sie eigentlich doch die durch einen Zeitgedanken angeregten Realisierungen einer deutschen Volksidee waren. Dies zeigte sich in ihrem besonderen Verhalten gegenüber der sogenannten Dreiteilungs- oder Gleichgewichtstheorie.

Während das Gesetz vom 14. Dezember 1789 den drei Gewalten das pouvoir municipal als vierte anreihte, kennt schon die belgische Verfassungsurkunde eine doppelte Beziehung der Gemeinde auf die Lehre von den Gewalten, indem sie auf die vierte Gewalt selbst wieder das Teilungsprinzip analog der Staatsgewalt anwendet. Für die deutsche Theorie tritt nun die Auffassung der Gemeinde als vierte Gewalt völlig in den Hintergrund, sie legt auf die andere Beziehung zur Gewaltenlehre das Hauptgewicht.

Der Grund hierfür ist wie bei der Doppelauffassung der belgischen Verfassungsurkunde im Festhalten an der gegebenen Tradition, in der Wahrung der Volksidee zu suchen. Darum prägen sich, je weiter diese Theorie in Deutschland ihre Ausgestaltung findet, um so klarer, aber auch um so selbständiger die Begriffe von Selbstverwaltung und Autonomie aus.

Damit war allerdings eine Gefahr gegeben, der die Theorie auch wirklich nicht standhielt. Die Untersuchung beschäftigte sich weniger mit der Gemeinde als solcher, sondern mit den ihr zustehenden Gewalten. Da nun die Selbstrechtsprechung ganz aufgegeben war, beziehungsweise in der Ortspolizei ihre im modernen Sinne gefaßte Restringierung gesehen wurde [1], die Selbstgesetzgebung dagegen durch die Grenzen der Selbstverwaltung bestimmt schien, und da auch auf die Autonomie — wie wir gesehen haben — nicht der gleiche Nachdruck gelegt ward wie auf die Selbstverwaltung, so ist es bald nicht mehr die „freie Gemeinde", die an der Spitze des liberalen Programms im Zentrum der publizistischen Diskussion steht, sondern vielmehr die Selbstverwaltung als solche. In dieser erblickt man nunmehr auch das Charakteristikum der deutschen Auffassung des Staates, also geradezu die staatsrechtliche Volksidee der Deutschen.

„Während das französische Freiheitsideal darin besteht," meint Schulze [2], „alle oder doch möglichst viele an der Bildung des allmächtigen Staatswillens, der volonté générale, teilnehmen zu lassen, suchen die germanischen Völker die Freiheit darin, daß sie im großen Organismus des Staates kleine Organismen anerkenne, mit einer festbegrenzten

---

[1] Brater (a. a. O. S. 139): „Die örtliche Wohlfahrtspflege einer Polizei ist um so gewisser der Kern des heutigen G.-Lebens, da die Rechtspflege in ihren wesentlichen Bestandteilen für immer an den Staat übergegangen ist."

[2] „Preuß. Staatsrecht" II, 2.

Rechtssphäre, mit einer relativen Selbständigkeit, mit einem eigentümlichen Lebensprinzip. Es sind dies die Korporationen von öffentlich-rechtlicher Bedeutung, die Körper der Selbstverwaltung."

Sicherlich ist auf diesem Wege ein wesentlicher Schritt zur Ausprägung der im allgemeinen Bewußtsein lebendigen damaligen Vorstellung getan worden. Aber diese Errungenschaft war mit einem schweren Opfer erkauft. An Stelle des greifbar klaren Begriffes der Gemeinde war die undeutliche Vorstellung des Selbstverwaltungskörpers getreten und gleichzeitig hatte man die an sich rein staatsrechtliche Frage zu einer vorwiegend verwaltungsrechtlichen gemacht.

Dieses so aus seinem ursprünglichen Zusammenhang losgelöste Problem wird nun — wie schon das oben zitierte Wort Schulzes besagt — vom Standpunkt einer organischen Staatstheorie behandelt. Als hauptsächliche Vertreter derselben in ihrer reinen Fassung erscheinen Schäffle und Gierke, die zwar von ganz verschiedenen Grundlagen ausgehend weit auseinanderliegende Wege der Untersuchung einschlagen, aber sachlich doch eigentlich zum selben Ergebnis gelangen.

Der Soziologe Schäffle[1] geht von dem Problem der Gesellschaft aus und kommt auf dem Wege einer Analogie zwischen tierischem resp. menschlichem Körper und den öffentlich-rechtlichen Gebilden zu dem Schlusse, daß nur Kollektivinstitutionen, die von dem Leben ihrer Angehörigen unabhängig als ein Ganzes über ihren Gliedern stehen, Selbstverwaltungskörper sind. Ihre Stellung dem Staate gegenüber faßt er in der Definition zusammen, daß sie Organismen der reinen Selbstbestimmung in nicht staatlichen Angelegenheiten sind.

[1] Insbesondere „Bau und Leben des sozialen Körpers".

Gierke dagegen konstruierte auf rechtshistorischer Grundlage einen Begriff der Genossenschaften, die dem Staate gegenüber als Besonderheiten erscheinen, ihren Gliedern gegenüber aber selbst Allgemeinheiten sind. Aus diesem engeren Genossenschaftsbegriff scheidet nach Gierkes Auffassung freilich auch die Gemeinde aus. Es ist dies aus der Ansicht Gierkes über das Verhältnis derselben zum Staat begreiflich, da er für diese geradezu Ebenbürtigkeit gegenüber dem Staat postuliert und einen Unterschied eigentlich nur in der Unfähigkeit der Gemeinde sieht, souverän zu werden. In Gierkes subjektiver Begriffsfassung scheint die traditionelle deutsche Idee am meisten lebendig erhalten zu sein, doch läßt er offenbar auf sie die geltenden modernen Zeitideen nicht einwirken, weshalb seine Konstruktion eine gewisse Einseitigkeit zeigt.

Gleichzeitig hatte sich auf Grundlage der Hegelschen Philosophie eine wesentlich andere Auffassung Bahn gebrochen. Es ist Lorenz von Stein, der die Hegelschen Anschauungen staatswissenschaftlich verwertet hat. Er „sieht in dem menschlichen Gemeinschaftsleben einen dialektischen Prozeß, der sich zwischen den beiden immanenten Gegensätzen unablässig vollzieht: nämlich zwischen dem Staat als der Verkörperung der Selbstbestimmung und Freiheit, als dem Prinzip der Persönlichkeit einerseits und der Gesellschaft, als der Verkörperung der durch die Verschiedenartigkeit des Besitzes geschaffenen Abhängigkeit, als dem Organismus der Arbeit anderseits“ [1]. Dieses hierin ausgedrückte, von Fichte übernommene System Hegels der Thesis, Antithesis, Synthesis führt ihn in Verbindung mit der organischen Auffassung des Staates zu der Aufstellung von vier Grundformen des Staatsorganismus.

[1] Redlich, „Engl. Lokalverwaltung“, S. 759.

Zunächst ist ihm der Staat „ein rein persönliches, an sich selbständiges Individuum, dessen reine und absolut persönliche Selbstbestimmung in der Staatsgewalt funktioniert und ihr eigenes Recht hat. Die erste Grundform des Staatsorganismus ist daher, diejenige, welche wir als den vollziehenden Organismus dieser reinen Staatsgewalt bezeichnen" [1]. Repräsentiert erscheint ihm diese Grundform durch „die Staatswürden und den Staatsrat". Zweitens faßt er den Staat auf als „die persönliche Einheit aller seiner Lebensverhältnisse, insofern sie die Verschiedenheit und Besonderheit des wirklichen Lebens, des persönlichen wie des natürlichen, in sich aufnimmt und als Einheit zusammenfaßt" [2]. Der Staat in diesem Sinne bedeutet ihm die Regierung, in Beziehung auf die einzelnen praktischen Aufgaben die Verwaltung. Drittens „enthält der Staat die einzelne selbständige Persönlichkeit des Staatsbürgers. Diese dauernden Formen, welche den selbständigen Organismus der Einzelpersönlichkeiten in der Verwaltung enthalten, nennen wir die Verwaltungskörper und den Organismus selbst mit seiner Ordnung und seinem Rechte die Selbstverwaltung." Schließlich findet Stein „die höchste Form der Teilnahme an der Tätigkeit des Staates", wenn Einzelne die in dem Wesen des Staates gelegenen Aufgaben durch freiwilligen Beschluß zu ihren eigenen machen und in frei geschaffener Organisation der Wirklichkeit zuführen. Diese letzte Grundform ist der Verein. Damit ist Steins Begriff der Selbstverwaltung präzisiert. Wahre Verwaltung ist ihm immer Staatsverwaltung. Somit üben alle menschlichen Vereinigungen, deren Zwecke über den Kreis ihrer Mitglieder hinausgehen, im Grunde Staatsverwaltung aus und bilden in dieser Funktion den Organismus der „freien Verwaltung", womit er die beiden letzten Grund-

[1] „Verwaltungslehre" I, Lehre von der vollziehenden Gewalt, S. 227, 228.

[2] Ebenda.

formen des Staatsorganismus zusammenfaßt. Zu dieser Aufgabe sind die Verwaltungskörper ihrem ganzen Wesen nach bestimmt, doch sind sie darum nicht ohne weiteres Glieder des Organismus der freien Verwaltung, dies werden sie erst auf Grund der Anerkennung durch die Regierung. Die Persönlichkeit, als welche der Verwaltungskörper infolge seiner Eigenschaft einheitlich wollen und handeln zu können erscheint, wird dadurch zur juristischen Persönlichkeit, scilicet zur Persönlichkeit des öffentlichen Rechts. Diese steht dann „mit ihrem Willen und ihrer Tat selbständig sowohl dem Willen des ganzen Staates in seinem Gesetze, als dem der höchsten vollziehenden Gewalt in der Verordnung gegenüber“ [1], und dieses Recht der freien Verwaltung nennt Stein Autonomie. Eine Kategorie innerhalb dieser freien Verwaltung bildet, wie wir gesehen haben, die Selbstverwaltung, d. i. „die Gesamtheit derjenigen freien Verwaltungskörper, welche auf Grundlage der objektiv gegebenen gemeinsamen Interessen oder des Grundbesitzes an der vollziehenden Gewalt teilnehmen“. Eine Unterabteilung derselben ist die eigentliche Selbstverwaltung, d. i. die Gesamtheit derjenigen Körper der freien Verwaltung, welche auf der örtlichen Einheit des Grundbesitzes und der sich an sie anschließenden Gesamtheit von Interessen beruhen. Die praktische Übung der freien Verwaltung durch eine Gemeinde ergibt deren eigenen Wirkungskreis, während dort, wo sie im Staatsauftrage staatliche Gesetze und Verordnungen durchführt, ihr „amtlicher“ (nicht „übertragener“) Wirkungskreis vorliegt.

Steins Theorie hat vielleicht nicht zuletzt infolge ihrer in Hegelscher Nebelhaftigkeit gehaltenen Formulierung keine unmittelbaren Resultate objektiver Begriffsbildung zu verzeichnen. Doch hat sie durch ihre im Sinne der kon-

[1] a. a. O. I, 2, S. 71.

stitutionellen Zeitidee gestaltete Fassung der nationalen Anschauungen für die weitere Begriffskonstruktion grundlegend vorgearbeitet. Besonders bedeutungsvoll war seine Modernisierung der Volksidee dadurch, daß er die Selbstverwaltung nicht als Gegensatz, sondern als Teilnahme an der Staatsgewalt aufgefaßt wissen wollte und diesem so geschaffenen Verhältnis eine juristische Grundlage zu geben bemüht war; die Beziehungen zwischen Selbstverwaltung und Regierung sollten aus einem Kampfe ein Rechtsverhältnis werden. Darin liegt Steins „staatsrechtliche“ Auffassung der Selbstverwaltung.

Aus der gleichen philosophischen Schule wie Stein war auch R. v. Gneist hervorgegangen. Ein flüchtiger Überblick über Titel und Inhalt seiner Hauptwerke[1] ließe freilich glauben, daß dies für seine staatswissenschaftliche Tätigkeit vollkommen bedeutungslos gewesen sei. War es doch sein Lebenszweck, den Kontinent mit der englischen Verfassung und Verwaltung bekannt gemacht zu haben. In Wirklichkeit aber begnügte er „sich nicht damit, die geschichtliche Verwaltungsorganisation Englands zu schildern, sondern aus den Ergebnissen seiner Forschung gibt er eine vollständig geschlossene Theorie der Selbstverwaltung als eines allgemeinen staatsrechtlichen Postulates“. Diese Theorie ist „auf Grund einer bestimmten Auffassung vom Staat entwickelt“[2], und diese wiederum war auf der Annahme eines Gegensatzes zwischen Staat und Gesellschaft aufgebaut. Der Staat verfolgt mit allen seinen Institutionen den Zweck, die Freiheit des Individuums wie der Gesamtheit zu begründen und zu bewahren. Dagegen behandelt „jede Gesellschaftsgruppe ihren Anteil an dem Staatswillen immer

[1] Aufzählungen desselben bei Gluth, „Lehre von der Selbstverwaltung im Lichte formaler Begriffsbestimmung“ und Blodig, „Selbstverwaltung als Rechtsbegriff“.

[2] Redlich, „Englische Lokalverwaltung“.

nur nach dem natürlichen Zuge ihrer Interessen, erhebt Ansprüche auf Macht, Leitung und Beschließung, aber niemals auf Lasten, persönliche Arbeit, Verantwortlichkeit". „Bildet die Gesellschaft in dieser Richtung einen zusammenhängenden Organismus, so bedarf es eines staatlichen Gegenorganismus, welcher die gesellschaftlichen Interessen sich unterordnet, vereinigt und in steter Übung den Menschen zur Erfüllung seiner Pflichten zwingt und gewöhnt" [1]. Und dieser Gegenorganismus erscheint im self-government, in der obrigkeitlichen Selbstverwaltung Englands, die er als eine innere Landesverwaltung der Kreise und Ortsgemeinden nach den Gesetzen des Landes durch persönliche Ehrenämter kraft königlicher Ernennung unter Aufbringung der Kosten durch kommunale Grundsteuern definiert. Als diesen idealen Gegenorganismus faßt Gneist jedoch nur die ältere Form des englischen self-government, die „obrigkeitliche Selbstverwaltung" auf, der er als ein Produkt des Sieges „der gesellschaftlichen Vorstellungen über den Staat des XIX. Jahrhunderts" die „wirtschaftliche" Selbstverwaltung gegenüberstellt. Diese erscheint ihm als ein Niedergang der englischen Verfassung, als eine Verkennung der Grundanschauungen des self-government. „Die Idee des self-government kehrt sich damit um, er erscheint nicht als staatlicher Gegenorganismus der Gesellschaft, sondern unter Selbstverwaltung ist vielmehr nur eine örtliche Gruppierung der Interessen gemeint" [2]. Jene dagegen stellt er als die organische Entwicklung des Selbstverwaltungsgedankens dar. Er unterläßt bei keiner Gelegenheit zu betonen, daß es positive, königliche Gesetzgebung war, die diese Organisation geschaffen hat. In der Ernennung der Friedensrichter durch den König erblickt er das Wesen des klassischen self-government, demgegenüber ihm die Einführung des Wahl-

[1] und [2] Gneist, „Self-government", S. 879—882.

prinzips einen Verfall bedeutet. Mit der Widerlegung dieser Auffassung haben sich ausführlich Redlich[1], Preuß[2], teilweise auch Rosin[3] beschäftigt.

Auf Gneists Doktrin ist die preußische Verwaltungsreform der Jahre 1872—1875 aufgebaut. Die Errungenschaften dieser Objektivierung sieht Hatschek[4] vornehmlich in drei Punkten: vor allem sei die große Scheu vor einem Eingreifen der Staatsregierung in das Recht auf Selbstverwaltung, gleichzeitig aber auch die allzugroße Sorglosigkeit gegenüber einer Majorisierung durch mächtige Interessentengruppen innerhalb des Korporationsverbandes ausgeschaltet worden. Zweitens ist für die preußische Gesetzgebung der eigene Wirkungskreis der Gemeinde nichts von Natur aus Gegebenes und daher Unabänderliches. Es gibt infolgedessen keinen Unterschied zwischen eigenem und übertragenem Wirkungskreis der Gemeinde, anderseits kann der Kreis der Selbstverwaltungsangelegenheiten stets neue, im Sinne zuwachsender Staatsaufgaben liegende Erweiterungen erfahren. Damit hat „die preußische Gesetzgebung die Loslösung des Selbstverwaltungsbegriffes von dem materiellen Gehalte bewirkt, indem sie zeigte, daß dieser selbst ein fluktuierender sei“[5]. Hatschek bezeichnet dies als die Formalisierung des Begriffes der Selbstverwaltung. Als dritter Punkt ist die Einführung des Pflichtmoments beachtenswert, welches das Recht auf Selbstverwaltung in ein Konnexverhältnis mit der Pflicht zur Ausübung der damit verbundenen Funktionen bringt. Konsequent führt die preußische Gesetzgebung den Gedanken aus, „daß das Recht auf Selbstverwaltung nur die eine Seite sei, daß mit

[1] „Englische Lokalverwaltung“, S. 741 bis Schluß.
[2] Abhandlungen für Laband, II. S. 206 f.
[3] Annalen des Deutschen Reichs, 1883. S. 315.
[4] „Selbstverwaltung“, S. 81 f.
[5] Ebenda S. 83.

diesem Recht auch die Pflicht zur Ausübung der darin liegenden Befugnisse gegeben sei"[1]. Die Garantie für die Einhaltung der so konstituierten Pflichten schafft die preußische Gesetzgebung hauptsächlich durch die Einführung des Staatsamtes in die Selbstverwaltung, eventuell aber auch durch Zwangsmittel.

Hatscheks ganze Darstellung macht den Eindruck, als ob ihm das Gneistsche System und dessen Objektivierung durch die preußische Gesetzgebung als die Erfassung des Selbstverwaltungsgedankens kat'exochen erschiene. Dem kann wohl nicht beigestimmt werden, schon darum nicht, weil Gneists Konstruktion eine hochgradig subjektive, d. i. politische war[2]. Staatsrechtlich geradezu irrational wurde seine Auffassung durch die Einführung des Begriffes der Gesellschaft, welche, wie Laband[3] bemerkenswert betont hat, kein Rechtsbegriff, mithin auch kein Begriff des Staatsrechts ist. Eine Objektivierung dieser Begriffsbildung konnte nur unter vollständiger Ausscheidung des gesellschaftlichen Moments vor sich gehen. Damit wären aber die Grundlagen der Theorie selbst verloren gegangen. Doch darüber half die Betonung des obrigkeitlichen Charakters des Staates hinweg. Dadurch erschien einerseits die Gegenüberstellung der Gesellschaft juristisch greifbar gemacht, anderseits war der politischen Tendenz des Systems, die in einer Entwicklung von oben nach unten das staatsrechtliche Ideal erblickte, vollkommen entsprochen. So war vor allem jenes „Mißverständnis der Selbstverwaltung" ausgeschlossen, welches „stets von unten herauf Hand in Hand mit dem Konstitutionalismus" geht[4]. Das Ergebnis dieses Gedankenganges konnte nichts anderes als eine Staatsverwaltung sein,

[1] Ebenda.
[2] Rosin in den Annalen des Deutschen Reichs, 1883. S. 305.
[3] „Staatsrecht", 2. Aufl. I. 98, A. I.
[4] Gneist, „Der Rechtsstaat", S. 196, A. 54.

welche sich die äußere Form der Selbstverwaltung für ihre Zwecke zu eigen gemacht hatte. Damit erscheint jener Prozeß der Formalisierung der Selbstverwaltung — wie sich Hatschek ausdrückt — vollendet, diese selbst als rein äußerliche Erscheinungsform staatlicher Verwaltung festgelegt, das preußische System als das der formellen Selbstverwaltung charakterisiert.

Gneists Konstruktion ist in der Folgezeit vielfach ausgebaut worden und auch viele auf eigenen Bahnen verlaufende Erwägungen haben zu ähnlichen Ergebnissen geführt [1]. Der Kürze halber sei an Stelle vieler nur eine Stimme aus letzter Zeit angeführt. Karl Lamp kommt im Laufe seiner Untersuchung zu der Überzeugung, „daß der Begriff der Selbstverwaltung und seine Abgrenzung von der Verwaltung durch Staatsbehörden in materiellen Merkmalen überhaupt nicht gefunden werden kann, sondern daß wir es hier mit einem rein formalen Begriff, mit einem Organisationsprinzip zu tun haben“ [2]. Dies führt ihn zu dem Schlusse, „daß das rechtliche Wesen der städtischen Selbstverwaltung nach deutschem Recht nur als ein Begriff des formellen öffentlichen Rechts aufzufassen, und zu bezeichnen ist als ein staatliches, auf dem System der Gebietskörperschaft aufgebautes Organisationsprinzip sekundärer Natur für die Durchführung öffentlicher Lokalverwaltung“ [3]. Wie Lamp dazu kommt die Grundlage seiner Konstruktion im deutschen Recht zu finden, wird nur erklärlich, wenn man sich erinnert, daß es seit langem üblich ist, jede beliebige subjektive Meinung als deutschrechtlich zu bezeichnen, so daß Gneist [4] sogar das preußische Dreiklassen-

[1] So z. B. Bornhak, Löning, G. Meyer, Sarwey.

[2] „Das Problem der städtischen Verwaltung“, S. 82.

[3] Ebenda S. 98.

[4] „Die nationale Rechtsidee von den Ständen und das preußische Dreiklassenwahlsystem“.

wahlrecht für eine urgermanische Institution erklären kann. Ohne weiter darauf einzugehen, daß Lamp eigentlich bei seiner Betonung des gebietskörperschaftlichen Moments zu ganz anderen Resultaten kommen sollte, sei hier nur darauf aufmerksam gemacht, daß er die sekundäre Natur des sich hier verwirklichenden Organisationsprinzips erkennt.

Hatte Gneists Lehre so vielfach anregend gewirkt und auch prinzipielle Gegner seines Standpunktes nicht ganz unbeeinflußt gelassen [1], so hat sie insofern nachteilig gewirkt, als durch das Hineintragen politischer Momente, die den bis dahin auf dem Gebiete des Selbstverwaltungsgedankens tätigen politischen Kräften kontradiktorisch widersprachen, diese ganze Frage vollständig dem Kampf der Parteien ausgeliefert ward, und eine wissenschaftliche Behandlung geradezu unmöglich schien.

Das hatte einen gewissen Antagonismus gegen das ganze Problem zur Folge. So lehnt es O. Mayer in seinem „Deutschen Verwaltungsrecht" [2] ausdrücklich ab, den Selbstverwaltungsbegriff in seinem von Juristen und Politikern geschaffenen Schwebezustand des weiteren zu erörtern. Diese allgemeine Verdrossenheit gegenüber dieser Frage mußte aber ihrerseits immermehr die Wirkung üben, daß auch auf diesem Gebiete der Satz des römischen Juristen zur Richtschnur erhoben wurde, „dem das Privatrecht seine wissenschaftliche Stärke verdankt: Non ex regula jus sumatur, sed ex jure, quod est regula" [3]. Die Theorie wollte also, um den politischen Einschlag aus ihren Konstruktionen zu beseitigen, das subjektive Moment möglichst ausschalten und sich auf die Kommentierung des positiven Rechts beschränken. Der subjektive Begriff in der Forschung

---

[1] Hierher ist wohl auch der moderne Vertreter Gierkescher Schule, Hugo Preuß, zu rechnen.

[2] B. II, S. 372, A. 9.

[3] Jellinek, „Lehre von den Staatsverbindungen", S. 14.

sollte nicht mehr eine Vorbereitung der Objektivierung, sondern deren Erläuterung, er sollte nicht mehr das antecedens, sondern das consequens sein. Es ist bezeichnend für die sich dadurch ergebende Fassung des Problems, daß sich dieselbe damit ziemlich deutlich in eine staats- und eine verwaltungsrechtliche scheidet und gleichzeitig die vorübergehend in den Hintergrund getretene Frage nach dem Selbstverwaltungskörper wieder zum Ausgangspunkt der Diskussion gemacht wird.

In diesem Zusammenhange muß vor allem Otto Mayer angeführt werden. Seine oben zitierte Ablehnung des Eingehens auf das vorliegende Problem hindert ihn nicht, das Wesen der Selbstverwaltungskörper eingehend zu erörtern. Er findet diesen Ausdruck „wohl geeignet, überhaupt eine juristische Person zu bezeichnen, die öffentliche Verwaltung selbst zu führen berufen ist, im Gegensatz zu dem grundsätzlich alles selbst umfassenden Staat, der über ihr steht" [1]. Er wendet denn diesen Ausdruck „der Kürze halber für alle unsere juristischen Personen" an und findet, daß, wenn eine juristische Person dazu da ist, öffentliche Verwaltung zu führen, dies nach verschiedenen Richtungen bedeutsam für ihre rechtliche Behandlung sein muß. So ist sie in ihrem Verhältnis nach außen nach öffentlichem Recht zu beurteilen, sie hat ihr Stück öffentliche Verwaltung, die sie in eigenem Namen und eigenem Rechte führt, sie steht in einem ganz besonderen Zusammenhang mit dem Staate als dem obersten Ausgangspunkt aller öffentlichen Verwaltung, insofern als ihre Entstehung durch dessen Anerkennung bedingt, ihre Tätigkeit unter seine Aufsicht gestellt ist. Im weiteren Verlauf seiner Darstellung betont O. Mayer auch den Gegensatz zu der grundsätzlich alles umfassenden Staatsgewalt und das eigene Recht des Selbstverwaltungskörpers.

[1] „Deutsches Verwaltungsrecht" II, S. 372.

In seinen weiteren Ausführungen scheidet er ziemlich scharf zwischen verfassungs- und verwaltungsrechtlicher Untersuchung. In der ersteren geht er davon aus, daß die Selbstverwaltungskörper wie alle juristischen Personen den Zweck verfolgen, den Menschen für ihre Interessen zu dienen. In der Bezeichnung dieses Zweckes besteht ihre Verfassung und das gibt ihnen ihre Individualität. Diese Bestimmung geschieht in dreifacher Richtung: sachlich, was den Gegenstand der Tätigkeit, räumlich, was den Sitz und Bezirk, persönlich, was den Kreis der Menschen, für welche der Selbstverwaltungskörper da ist, also was seine Angehörigen anbelangt. An diese verfassungsrechtlichen Feststellungen schließt sich die verwaltungsrechtliche Darlegung: das Recht der verfassungsmäßig berufenen Vertreterschaft (§ 58), die Art der Ausübung der Aufsichtsgewalt (§ 59), die Selbstverwaltungslasten und Ausgleichungen (§ 60).

Die einschlägigen Darlegungen Labands, der überall dort, wo man von streng juristischer Fassung öffentlichrechtlicher Probleme spricht, vor allem zu nennen wäre, sind bereits an früherer Stelle angeführt worden [1]. In Ergänzung des dort Gesagten sei hier nur folgendes hinzugefügt: Der Begriff der Selbstverwaltung findet für Laband „überall da Anwendung, wo eine obere Gewalt die ihr zustehenden Hoheitsrechte nicht unmittelbar mittelst eines eigenen, zu ihrer ausschließlichen Disposition stehenden Apparates durchführt, sondern sich darauf beschränkt, die Normen für die Ausübung dieser Hoheitsrechte aufzustellen und ihre Durchführung zu beaufsichtigen, während die Durchführung selbst ihr untergeordneten politischen Körpern übertragen oder überlassen ist“ [2]. Aber gerade diese Aufstellung von Normen erachtet er als die natürliche Ergänzung der Selbstverwaltung. Den dadurch angezogenen Begriff

---

[1] Vgl. oben S. 38 f.

[2] a. a. O. I, S. 98.

der Autonomie definiert er auch analog jenem von ihm aufgestellten Selbstverwaltungsbegriffe als dem Gegensatze zum Verwaltetwerden dahin, daß sie eine nicht souveräne, öffentlich-rechtliche Gewalt voraussetzt, der „die Befugnis zusteht, kraft eigenen Rechts, nicht auf Grund bloßer Delegation, verbindliche Rechtsnormen aufzustellen. Der Mangel der Souveränität tritt bei dieser Gesetzgebungsgewalt zutage, indem sie sich innerhalb der Grenzen halten muß, die der Souverän der Autonomie gesteckt hat, und indem sie keine Rechtsnormen aufstellen kann, welche den vom Souverän aufgestellten widersprechen“ [1]. Diesem Komplement der Selbstverwaltung fügt er als weiteres die Selbstrechtsprechung an und erläutert diese an dem Beispiel der deutschen Einzelstaaten, wobei er betont, daß auch diese Funktion kraft eigenen Rechts und im eigenen Namen ausgeübt wird. Den von Laband so treffend formulierten Gegensatz zu einer höheren Gewalt macht auch Rosin [2] unter Verbindung mit dem Momente der Anerkennung durch dieselbe zur Grundlage seiner Untersuchung und findet als das Recht der Selbstverwaltung den „Zustand der anerkannten Rechtspersönlichkeit im Gegensatz und Verhältnis zur Möglichkeit der Aberkennung resp. Beschränkung derselben“ [3]. Dieser staatsrechtliche Begriff der Selbstverwaltung erschöpft sich ihm vollkommen in der Statuierung dieses Gegensatzes, in der Feststellung des Verhältnisses zu der übergeordneten Gewalt [4]. Mit der Frage der Organisation hat er nichts zu tun (auch Laband läßt diesen Punkt unerörtert), Rosin konstruiert aber aus dieser einen zweiten Begriff der Selbstverwaltung, für welche das für den ersteren

[1] a. a. O. B. I, S. 101.

[2] „Souveränität, Staat, Gemeinde, Selbstverwaltung“; Annalen, 1883, S. 265 ff.

[3] a. a. O. S. 309.

[4] a. a. O. S. 312.

maßgebende Moment vollkommen gleichgültig ist, und das so sehr, daß er auch auf ein souveränes Staatswesen anwendbar ist, indem für diesen zweiten Begriff einzig und allein die Organisation maßgebend ist. Selbstverwaltung in diesem zweiten Sinne ist diejenige Organisation, „nach welcher bei der Bildung der Behörden das genossenschaftliche Element des Staates neben dem herrschaftlichen zum Ausdruck gelangt, oder mit anderen Worten eine verfassungsmäßige Beteiligung der Staatsbürger als solcher stattfindet“[1]. Diese beiden Begriffskonstruktionen unterscheidet er auch dem Namen nach als „körperschaftliche“ und als „bürgerliche“ Selbstverwaltung. Bei aller Anerkennung der darin enthaltenen wissenschaftlichen Leistung Rosins hat Preuß mit Recht die Frage gestellt, ob wir wohl der Verständigung über den Begriff der Selbstverwaltung wesentlich näher gekommen sind, wenn wir zwei heterogene Begriffe derselben nebeneinander stellen. Die Begriffskonstruktionen, welche Preuß selbst an verschiedenen Orten[2] gibt, ergeben einen ähnlichen Begriff, wie der zweite von Rosin aufgestellte. Sein hauptsächliches Charakteristikum ist die Negation eines Gegensatzes nach oben[3]; was sich wiederum auf die von ihm verfochtene Leugnung des Souveränitätsbegriffes gründet. Mit diesem letzteren Argument steht und fällt überhaupt seine ganze Konstruktion des Selbstverwaltungsbegriffes.

Ein Überblick über die im obigen gegebene Dogmengeschichte läßt wohl Jellinek und seine engere Schule vermissen. Das hat seinen Grund darin, weil Jellinek keine eigentliche Konstruktion des Selbstverwaltungsbegriffes versucht hat. Indem er die Selbstverwaltung als einen Fall

---

[1] a. a. O. S. 314.

[2] „Gemeinde, Staat, Reich als Gebietskörperschaften“ (1889), ebenso in der Festgabe für Laband.

[3] Insbesondere in dem ersteren Werke S. 224.

staatlicher Dezentralisation bespricht[1], erscheint ihm die Möglichkeit eines Rechts auf Selbstverwaltung auf den ersten Blick unvereinbar mit dem Einheitsgedanken des Staates und seinem alleinigen Recht auf imperium. Die Erklärung hierfür sucht er auf historischem Wege und meint, indem er sich für die weitere Erörterung der Gemeinde als Typus bedient, daß solche Gebietskörperschaften alle auf einer vom Staate geschaffenen Basis beruhen. Weil sie aber die Staaten in ihrem Wechsel überdauert haben, so sei ihre ursprüngliche Ausstattung mit Herrschaftsrecht durch den Staat in Vergessenheit geraten und so die Vorstellung eines ursprünglichen Herrschaftsbereiches der Gemeinde entstanden. Tatsache sei, daß die Gemeinde mit imperium für ihren engen Wirkungskreis belehnt sei. Je nachdem, ob sie ihre Funktionen als Pflichten oder als Rechte ausübt, sei sie passiv oder aktiv öffentlich-rechtlicher Verband. Gegenüber den historischen Ergebnissen Jellineks sei auf den zweiten und dritten Abschnitt dieser Abhandlung verwiesen. Seine in demselben Zusammenhang aufgestellte Theorie der aktiv und passiv öffentlich-rechtlichen Verbände ist von Hatschek[2] ausgebaut worden. Dieser läßt den Staat aktiv öffentlich-rechtliche Verbände schaffen, indem derselbe den örtlichen Kollektivverband als Einheit berechtigt oder verpflichtet[3], und er sieht anderseits den Staat durch Zuteilung von Rechten und Pflichten an die einzelnen Mitglieder eines Kollektivverbandes den Kollektivwillen eines passiv öffentlich-rechtlichen Verbandes gewinnen[4]. Wenn er sogleich hinzusetzt, daß dieser letztere Kollektivverband nicht vom Staate erst geschaffen wird, so könnte

[1] „Allgem. Staatslehre“ 2. Aufl., S. 622 ff.

[2] „Die Selbstverwaltung in politischer und juristischer Bedeutung“ (Leipzig 1898).

[3] a. a. O. S. 99.

[4] a. a. O. S. 112.

das leicht zu der Annahme führen, daß er gerade in diesem Punkt eine Antithese zum aktiv öffentlich-rechtlichen Verband sieht, von dem er ausdrücklich sagt, daß ihn der Staat schafft. Das ist aber wohl nicht so zu verstehen, sondern vielmehr dahin aufzufassen, daß auch der aktiv öffentlich-rechtliche Verband schon tatsächlich besteht, da er jedoch rechtlich erst durch die Anerkennung des Staates existent gemacht wird, so sieht Hatschek darin, daß der Verband als Ganzes berechtigt oder verpflichtet wird, die Schaffung desselben durch den Staat. Die gleichen Bedingungen liegen aber doch wohl auch für den passiv öffentlich-rechtlichen Verband insofern vor, als die Zuerkennung von Rechten und Pflichten an einzelne Mitglieder in ihrer Eigenschaft als Mitglieder eines Kollektivverbandes die gleiche Anerkennung der Existenz jenes Verbandes voraussetzt. Nur hinsichtlich der ersteren, also der aktiv öffentlich-rechtlichen Verbände spricht Hatschek von einem Recht auf Selbstverwaltung[1]. Dieses Recht auf Selbstverwaltung ist keine Summe einzelner Befugnisse, es schließt vielmehr auch „die Befugnis in sich, alles neu entstehende örtliche Kollektivinteresse in Beschlag zu nehmen, sofern es nicht bereits vom Staat okkupiert worden ist oder okkupiert wird“[2]. Ein Recht auf Selbstverwaltung der passiv öffentlich-rechtlichen Verbände scheint Hatschek schon ihr Name auszuschließen. Wenn er aber bei Besprechung derselben zuerst der englischen Grafschaft erwähnt, so liegt wohl die gleiche Überschätzung der königlichen Ernennung wie bei Gneist vor, sowie die gleiche Außerachtlassung jener Momente, „welche der königlichen Ernennung gegenüberstehen und sie beschränken, ja schließlich zur bloßen Form herabgedrückt haben“[3]. Und gerade diese Momente

[1] a. a. O. S. 101.
[2] a. a. O. S. 102.
[3] Rosin a. a. O. S. 315.

beinhalten offenbar auch hier ein Recht auf Selbstverwaltung. Um dieses selbst näher zu beleuchten, so entspricht dasselbe tatsächlich genau dem, was im obigen als „eigenes Recht“ [1] entwickelt worden ist. Freilich wurde demselben als Charakteristikum ein Gegensatz zum Staatsrecht im engeren Sinne beigelegt. Nicht nur, daß Hatschek eines solchen Gegensatzes keine Erwähnung tut, so scheint der Annahme eines solchen zweierlei in Hatscheks Ausführungen zu widersprechen. Einerseits, daß ihm das Recht auf Selbstverwaltung das Recht auf Ausübung eines vom Staate abgeleiteten imperium enthält. Dieser Widerspruch ist nur ein scheinbarer und hat seine Erklärung in dem Vorgange der Anerkennung des Selbstverwaltungsverbandes durch den Staat. Indem der Staat eine eigene Rechtssphäre des ersteren anerkennt, leiht er ihm für dieselbe das Recht auf Ausübung seines imperium. Schwerwiegender scheint Hatscheks Lehre von der Homogenität der Staats- und der örtlichen Kollektivinteressen der Annahme jenes Gegensatzes zu widersprechen. Um diese Lehre entsprechend zu würdigen und dabei ihren Einklang mit meinen früheren Ausführungen klarzulegen, sei zunächst darauf hingewiesen, daß Hatschek überall dort, wo wir von Selbstverwaltung sprechen, ein Prinzip am Werke sieht, das er den sozialen Mechanismus der Rechtsordnung nennt. Dieses Prinzip „besteht darin, sorgsam der Verknüpfung des Einzelinteresses mit dem Staatsinteresse, des Interesses der organisierten Gesellschaftsgruppen mit dem Staatsinteresse nachzugehen, faktisch vorhandene derartige Interessen zu rechtlichen, also zu Rechten zu erheben, und mit der Befriedigung des Partikularinteresses die der Staatsinteressen zu garantieren“ [2]. In dieser Auffassung erscheint Selbstverwaltung, wenigstens von der Seite des Staates betrachtet, als eine Art

[1] Vgl. oben S. 35 ff.

[2] a. a. O. S. 42.

Staatsverwaltung[1]. Wo wir aber den hierbei maßgebenden Standpunkt zu suchen haben, das sagt uns Hatschek selbst, indem er schließlich findet, daß jenes Herausfinden der Homogenität zwischen Staats- und örtlichem Kollektivinteresse nur in uns vorgehen kann[2].

Mit diesen Darlegungen gibt uns Hatschek das Beste, viel zu wenig Gewürdigte an seinem Buche — eine Psychologie der Selbstverwaltung. Sie bietet uns vor allem auch eine Erklärung für jenen Vorgang, daß die Selbstverwaltungsidee, die stets etwas Eroberndes an sich hatte und damit neue Rechtsgebiete erschloß, so eine Arbeit geleistet hat, die später dem Staate selbst zugute gekommen ist[3], oder, um diesbezügliche Ausführungen Hatscheks zu benützen, daß das Recht auf Selbstverwaltung, welches seiner Natur nach die Befugnis in sich schließt, neu entstehende örtliche Kollektivinteressen in sich aufzunehmen[4], immer wieder neues Material für einen späteren staatlichen Monopolisierungsvorgang schafft[5]. Um jenes neu entstandene Kollektivinteresse aber darauf vorzubereiten, dazu bedarf es eben eines in unsrem Selbst sich abspielenden Herausfindens der Homogenität zwischen dem Staats- und dem örtlichen Kollektivinteresse. Dieser Vorgang beinhaltet aber noch einen zweiten, indem jenes Herausfinden der Homogenität ein Überwinden aller Heterogenität sein muß. Dies ist der in uns sich abspielende, also psychische Prozeß. Die äußerliche, reale Form desselben muß der Gegensatz sein. Darin kommen eben jene heterogenen Momente zur Geltung und durch die auf Überwindung derselben gerichteten Tendenzen wird dieser Gegensatz nur noch verschärft.

[1] a. a. O. S. 95.
[2] a. a. O. S. 165.
[3] Vgl. oben S. 44.
[4] a. a. O. S. 102.
[5] a. a. O. S. 92.

V.

Rückblick und Synthese.

Fassen wir zusammen: Bei allen großen Kulturvölkern Europas hat im Laufe des Mittelalters ein starker sekundärer Entwicklungsprozeß des öffentlichen Rechts in der Weise stattgefunden, daß gewaltige Mengen konformer individueller Rechtsansprüche sich als Recht durchzusetzen suchten und durch dieses Streben eine steigende Vereinheitlichung erfuhren. In dem gewaltigen Vorgang menschlichen Massenlebens bedeutete das die Bildung gesellschaftlicher Gewalten[1], die sich in einem mehr oder weniger deutlich ausgeprägten Gegensatz zu der ausgebildetsten, die primäre öffentlich-rechtliche Entwicklung repräsentierenden sozialen Gewalt, dem Staate, befanden. Dieser Gegensatz wurde jedoch in den meisten Ländern in einer der nationalen Individualität am besten entsprechenden Weise überwunden. Das geschah in Italien durch das frühzeitige Entstehen von Stadtrepubliken, also primären Formen des öffentlichen Rechts, die durch die sekundäre Entwicklung zu streng partikularistischer Gestalt gebracht worden waren, in Frankreich durch die Aufsaugung der gesellschaftlichen Gewalten niederer Ordnung durch den omnipotenten Staat,

[1] Fr. von Wieser, der diesen Begriff geschaffen hat, gibt auch eine allgemeine Theorie dieser Mächte in seiner Rektoratsrede „Über die gesellschaftlichen Gewalten". Abgedruckt in der „Deutschen Arbeit" Jahrg. I, S. 261.

so daß hier wie dort dem allgemeinen Volksbewußtsein der Gedanke einer Gliederung auf Grund sekundärer Rechtsbildung vollkommen verloren ging. Auch in England schlug diese Evolution wie in Italien in die primäre Idee um, nur daß dies in streng zentralistischer Form geschah. Nur in Deutschland erfuhr dieser Prozeß keine derartige Umwandlung und zeitigte so Gebilde, welche jenen Gegensatz zur staatlichen Gewalt ziemlich ungetrübt zum Ausdrucke brachten.

Wie schon erwähnt, ist es eine Zusammenlegung von vielen einzelnen, individuellen Rechtsansprüchen, welche den Anfang aller dieser Entwicklungen bildet. Mit ziemlicher Genauigkeit läßt sich der Prozeß dieser Konsolidierung in seinen einzelnen Stadien beobachten, infolgedessen aus den vielen Rechtsansprüchen der Einzelnen ein Rechtsanspruch und schließlich ein anerkanntes Recht der Einheit wird. Als interessante Etappen dieser Vereinheitlichung muß uns jene obenerwähnte Bestimmung der Ratsverfassung von Halberstadt[1], nach welcher der Rat die Entscheidung der Bürgerschaft einzuholen hat, muß uns auch der § 112 des preußischen Allgemeinen Landrechts[2] erscheinen, laut dessen in den Fällen, wo solches notwendig ist, die Repräsentanten mit den Vorstehern der Zünfte und übrigen in der Stadtgemeinde befindlichen Korporationen, sowie diese wiederum ein jeder mit den Mitgliedern seiner Zunft oder Korporation Rücksprache zu nehmen haben. Ja begünstigt von einer nationalen Sonderauffassung wie der französischen, die zwischen Staat und Individuum nichts Vermittelndes kennt, muß das Resultat jenes Prozesses noch heute als eine Summierung, nicht als eine Vereinheitlichung erscheinen.

---

[1] S. oben S. 31.

[2] A. L. R. Teil II, Tit. 8, vgl. E. v. Meier, „Französische Einflüsse“ II, S 317.

Das kann uns die ältere Theorie Otto Mayers[1] verständlich machen, wonach die Angelegenheiten der Selbstverwaltung namens und im Rechte der Selbstverwaltungsberechtigten, d. h. einer Gruppe von Staatsangehörigen geführt werden, für welche auf diese Weise Vertretungsämter entstehen. Die Antwort der deutschen Jurisprudenz auf diese Anschauung hat Laband[2] gegeben. Er betont, daß hinter der Persönlichkeit der Selbstverwaltungskörper die Einzelinteressenten verschwinden, und charakterisiert damit das längst erreichte Resultat jenes Konsolidierungsprozesses. „Die einzelnen mögen in den Einrichtungen der Selbstverwaltung eine Förderung ihrer Interessen finden und mit Rücksicht hierauf an der Bildung der Organe der Selbstverwaltungskörper einen Anteil haben, als Träger der Rechte und Pflichten, welche dem Selbstverwaltungskörper zustehen, kommen sie juristisch nicht in Betracht.“ Diese Kritik Labands hat O. Mayer zur Aufgabe seines Standpunktes veranlaßt, wie er bei der Besprechung eines Buches, das einen ähnlichen Selbstverwaltungsbegriff wie er selbst vordem vertritt, ausdrücklich erklärt[3]. Die so wohl fast allgemein[4] zur Anerkennung gekommene Auffassung, die dabei Laband vertrat, wird uns um so einleuchtender erscheinen, wenn wir bedenken, daß auch hinsichtlich des primären Staatsgedankens große Konsolidierungsprozesse von Einzelansprüchen zu verzeichnen sind, ohne daß uns derartige Entwicklungsmomente auch nur im entferntesten berechtigen würden, die so entstandenen Institutionen als

[1] „Theorie des französischen Verwaltungsrechts“ (Straßburg 1886), S. 427 f.

[2] Archiv f. öff. Recht, B. II, S. 161.

[3] Besprechung von Hölders „Natürliche und juristische Personen“ im Archiv XX, S. 590 ff.

[4] Hölder hält dagegen seine Auffassung ziemlich unverändert aufrecht. Vgl. seine Ausführungen in „Amt, Selbstverwaltung und juristische Person“, Archiv XXI, S. 308 ff., insbesondere S. 312.

eine Summe individueller Rechte aufzufassen. Ein markantes und dabei zeitlich nicht allzu fernliegendes Beispiel gibt uns die konstitutionelle Idee. Die Abgeordneten der französischen Nationalversammlung waren noch Mandatare ihrer Wähler gewesen, „deren Mandat impérativ die von den Wählern beschlossenen cahiers waren, wie auch Calonne die Abgeordneten nicht als plénipotentiaires, sondern als porteurs d'instructions bezeichnet“ [1]. Aber schon das Gesetz vom 22. 12. 1789 — 8. 1. 1790 bestimmt: „La liberté de leur (sc. les représentants) suffrage ne peut être gênée par aucun mandat particulier.“ Und das moderne Staatsrecht beschränkt die Einflußnahme des Volkes direkt auf die Bildung der Vertretung. In diesem Sinne weist Laband die Auffassung, „daß das Volk durch den Reichstag als seine Vertretung fortlaufend einen Anteil an den Staatsgeschäften des Reichs ausübt“, als unjuristisch zurück [2]. Wir sehen also hier hinsichtlich eines Staatsorgans eine ähnliche Entwicklung, wie sie die Selbstverwaltung genommen hat. Es liegt eben in beiden Fällen der gleiche, rein soziologisch zu betrachtende Prozeß der Verarbeitung einer neuen Idee vor, der mit einem Zusammenlegen individueller Rechtsansprüche beginnt und mit einem Zurücktreten des einzelnen hinter das Recht der durch diese Entwicklung geschaffenen Institution abschließt.

Für alle Fälle der Bildung gesellschaftlicher Gewalten sind als maßgebende Prinzipien die der Organisation und Autorität aufgestellt worden [3]. Organisation als das formale, äußerliche Element, Autorität als der Inhalt, als das impulsive Moment. Die Anwendbarkeit des ersteren Prinzips ist in den vorausgehenden Erörterungen ausführlich nachgewiesen worden, dagegen wird das letztere Prinzip dahin

---

[1] E. v. Meier, „Französische Einflüsse“ II, S. 316.

[2] „Staatsrecht des Deutschen Reichs“ (4. A.) I, S. 273.

[3] Lamp, „Problem der städtischen Verwaltung“, S. 5.

richtig zu stellen sein, daß jede gesellschaftliche Gewalt die für sie allein maßgebende Autorität in sich selbst trägt, daß ihr Inhalt, ihr gemeinsamer Zweck, ihr Impuls zur Machtentfaltung nichts anderes als der gemeinsame Wille der sie verkörpernden Menschenmasse sind. Gesamtorganisation und Gesamtwille, oder — um einen Terminus W. Wundts[1] zu gebrauchen — Gesamtpersönlichkeit sind also die prinzipiellen Träger derartiger Prozesse, wobei im übrigen die oben aufgestellte Unterscheidung aufrecht bleibt, daß die Organisation die formelle, die Autorität des eigenen Willens also die Persönlichkeit, das materielle Moment ausmacht.

Es liegt nahe, aus dem formalen Charakter der Organisation, aus dem materiellen der Persönlichkeit die formale Natur der Selbstverwaltung, die materielle der Autonomie zu folgern. Bedenkt man jedoch, daß das Wesen von Organisation und Persönlichkeit durch die Zuweisung an eine der beiden Kategorien nicht erschöpft, sondern nur nach der einen, besonders hervorstechenden, ja scheinbar ausschließlich gültigen Richtung erfaßt ist, während die andere implicite ebenfalls vorhanden ist, so werden auch Selbstverwaltung und Autonomie sowohl in formaler wie materieller Hinsicht gleichmäßig zu betrachten sein, wobei jedoch der nach der einen oder der andern Seite vor allem zum Bewußtsein kommende Charakter ihrer Träger doch das maßgebende Kriterium abgeben wird.

Darnach ist Selbstverwaltung im formellen Sinne reine Organisationsform, der Gegensatz zu einer höheren Gewalt beschränkt sich auf die Art des Organismus und erschöpft sich daher in der Tatsache, daß die Organe nicht staatliche Organe sind. Sie wird zur Selbstverwaltung im materiellen

[1] „System der Philosophie“ (Leipzig 1907) B. II, S. 204. Freilich fordert Wundt für die Gesamtpersönlichkeit unbedingte Autonomie ihrer Willensäußerungen.

Sinne erst durch das Hinzutreten der Persönlichkeitsqualität zu der formalen Organisation. Nun ist die Wesenseigenschaft der Gesamtpersönlichkeit die Autonomie. Diese selbst darf aber in diesem Zusammenhange weder im formellen noch im materiellen Sinne interpretiert werden, sie bedeutet der Gesamtorganisation gegenüber nur, daß der Gegensatz zur höheren Gewalt sich auch auf das Nomos erstreckt, also das rechtliche Aufsichselbstgestelltsein, das eigene Recht. Selbstverwaltung im materiellen Sinne liegt somit da vor, wo das rein formale Moment eigener Organe gegründet ist auf ein eigenes Recht.

Diese Betonung des eigenen Rechts scheint nun von vornherein Auffassungen ausschließen zu wollen, die neben dem Recht auch auf die Existenz einer Pflicht hinweisen. Das ist nun keineswegs der Fall. Freilich kann sie sich nicht mit einer Alternativformulierung einverstanden erklären, die Selbstverwaltung entweder auf Grund eines Rechts oder auf Grund einer Pflicht statthaben läßt[1]. Das Pflichtmoment muß vielmehr koexistent mit dem Rechtsmoment gesetzt werden und ergibt sich ebenso wie das Rechtsmoment aus der Tatsache der Überordnung einer höheren Gewalt. Pflicht und Recht sind eben nur die zwei Seiten des zwischen dem Selbstverwaltungskörper und der höheren Macht bestehenden Verhältnisses. Sie sind an sich etwas rein Subjektives, Politisches, insofern die eine die gegebene Beziehung nur von oben nach unten, die andere nur von unten nach oben zum Bewußtsein bringt. Das Hervorheben der einen Seite dieses gegebenen Verhältnisses unter Vernachlässigung der anderen wird eine häufige Erscheinung subjektiver Begriffsbildung sein. Daraus erklärt sich die Einseitigkeit der Auffassung Gneists einerseits, der der liberalen Doktrin anderseits. Richtig verstanden wird die

---

[1] Jellinek, „Allg. Staatslehre“ 2. Aufl. S. 623.

Koexistenz von Pflicht und Recht wohl von Otto Mayer[1], auch Rosins auf Gierkes Theorie aufgebaute Unterscheidung zwischen dem herrschaftlichen und dem genossenschaftlichen Element in der Selbstverwaltung ist sehr instruktiv. Und in dieser Richtung wird sich wohl auch jede dauernd brauchbare Objektivierung bewegen müssen, sie wird niemals nur die eine Tendenz zur Verwirklichung bringen können, sie wird vielmehr die Bildung eines Verhältnisses zwischen beiden versuchen müssen. Dieses aber wird niemals auf der Basis absoluten Gleichgewichts aufgebaut sein können, sondern es wird immer die eine oder die andere Richtung die überwiegend stärkere sein, die der schwächeren ein politisch wohlbegründetes Zugeständnis macht. Je nachdem also, ob der Drang nach Erzielung von Verpflichtung oder von Berechtigung präponderiert, wird die reale Institution der Selbstverwaltung ihren materiellen Charakter erhalten, bei Überwiegen des herrschaftlichen Elements, also der Tendenz nach Erreichung von Verpflichtung, einen solchen im Sinne der Staatsgewalt, im umgekehrten Falle, also bei Durchsetzung des genossenschaftlichen Elements, des Dranges nach Berechtigung, im Sinne eigentlicher Selbstverwaltung.

Hat sich so die Unterscheidung zwischen Selbstverwaltung im materiellen und formellen Sinne aus der Wechselbeziehung zwischen Organismus und Persönlichkeit ergeben, so wird sich die gleiche Distinktion hinsichtlich der Autonomie nicht auf die gleiche Weise durchführen lassen. Das maßgebende Kriterium erscheint hier vielmehr dadurch gegeben, daß für jede Gesetzgebung, also auch für die Autonomie, die gedankliche Voraussetzung der Gesetzesbegriff bildet, und für diesen von der Theorie die gleiche Unterscheidung gemacht wird. Zwar ist „die Grenze zwischen einem Gesetze im

---

[1] a. a. O. II, S. 366 ff.

formellen und im materiellen Sinne oft sehr schwankend"[1]. Immerhin darf als feststehend angesehen werden, daß sich materieller und formeller Gesetzesbegriff zueinander nicht wie Gattung und Art, nicht wie ein weiterer zu einem untergeordneten engeren Begriff verhalten, sondern daß es zwei verschiedene Begriffe sind, von denen jeder durch ein anderes Moment bestimmt wird: der eine durch den Inhalt, der andere durch die Form[2]. Haben nun alle Gesetze im formellen Sinne einen gemeinsamen materiellen Charakter, nämlich daß sie Willensäußerungen des Staates sind[3], dann kann auch Autonomie im formellen Sinne nur dort vorliegen, wo ein Staatswesen einem anderen Staate höherer Kategorie unterworfen ist. Ist dagegen Gesetz im materiellen Sinne die Abgrenzung der freien Tätigkeit von Persönlichkeiten gegeneinander, ist sein Wesen durch die Aufgabe sozialer Schrankenziehung gezeichnet[4], so liegt überall dort Autonomie im materiellen Sinne vor, wo eine actio finium regundorum zwischen individuellen Tätigkeitssphären von einer öffentlichrechtlichen Gewalt vorgenommen wird, obgleich dieselbe von einer ihr übergeordneten Macht vorgenommen werden könnte. Autonomie im materiellen Sinne des Wortes muß daher keineswegs staatliche Gesetzgebung sein, sie kann auch einer nichtstaatlichen Gewalt zustehen.

Diese nunmehr in formeller wie materieller Hinsicht festgestellten Wesenseigenschaften von Gesamtorganismus und Gesamtpersönlichkeit treten in der Praxis nicht getrennt auf, sondern ebenso wie ihre Träger in einer mehr oder weniger stark zutage tretenden Verbindung. Rein theoretisch genommen ergeben sich daher folgende Kombinationsmöglichkeiten:

---

[1] Ulbrich, „Österr. Staatsrecht", S. 380.
[2] Laband, „Staatsrecht des Deutschen Reichs", 4. Aufl. II. S. 57.
[3] Jellinek, „Gesetz und Verordnung", S. 231.
[4] Ebenda S. 280.

1. Formelle Selbstverwaltung liegt dort vor, wo dem eigenen Organismus kein eigenes Recht entspricht, also unbedingte Heteronomie besteht;

2. materielle Selbstverwaltung, wo das im obigen enthaltene, rein formale Moment der Organisation gegründet ist auf eigenes Recht, also wo zur Selbstverwaltung die Autonomie hinzutritt. Diese letztere selbst kann aber wieder eine doppelte sein und so der mit ihr in Verbindung stehenden Selbstverwaltung einen verschiedenen Charakter geben. Sie kann

1. eine formelle sein, also Gesetze im formellen Sinne zu schaffen vermögen. Da dies zu den Wesenseigenschaften eines Staates gehört, wird es sich hier immer um nichtsouveräne Staaten handeln. Weil man nun aber unter den Gesetzen selbst solche von höherer Qualifikation unterscheidet, so wird sich die weitere Distinktion ergeben, und zwar in ein

a) Selbstverfassungsrecht, wo der autonome Körper selbständig die Art und Weise seiner Gliederung regelt sowie das Verhältnis, in welchem seine Mitglieder und Bestandteile zueinander und zu jenen Personen stehen, welche die autonome Gemeinschaft zu vertreten und für dieselbe zu handeln haben[1], und

b) Selbstregierungsrecht, wodurch freilich nicht mit G. Meyer[2] der Gegensatz zur bureaukratischen Regierung bezeichnet werden soll. Der Begriff Meyers ist hier nur insofern heranzuziehen, als er neben der Selbstverwaltung auch Gebiete der Justiz und Gesetzgebung umfassen will, also ein Analogon zu Schulzes „Regierungsrecht“[3], das Verwaltung oder Vollziehung und Gesetzgebung einschließt. Aus diesem Begriff

---

[1] Vgl. Stengel in der Zeitschr. f. d. ges. Staatswissensch. XXXVIII, S. 221.

[2] „Lehrbuch des deutschen Staatsrechts“, 5. Aufl. S. 309.

[3] „Preuß. Staatsr.“ I, 20.

scheiden wir nun durch die obige Gegenüberstellung eines Selbstverfassungsrechts die Möglichkeit der Erlassung von Verfassungsgesetzen aus, so daß eine unbeschränkte Selbstverwaltung und Selbstrechtsprechung bei eingeschränkter Selbstgesetzgebung erübrigt.

2. eine materielle, welche zwar der Fähigkeit entbehrt, Gesetze im formellen Sinne des Wortes zu erlassen, wo aber doch ein Rechtssatzungswille [1] tatsächlich normative Funktionen übt.

In dieses System theoretischer Kombinationsmöglichkeiten werden sich die praktischen Erscheinungsformen, wie wir sie in ihren Haupttypen als Stadtrecht, self-government, pouvoir municipal, freie Gemeinde im freien Staate, kennen gelernt haben, leicht einfügen lassen. Und auch das von der Literatur der zweiten Hälfte des letzten Jahrhunderts so viel erörterte Bundesstaatsproblem wird innerhalb jenes Systems seine richtige Einschätzung finden. Die deutschen Einzelstaaten sind Träger von Selbstverfassungsrecht. Durch diese höchste Potenz von Selbstverwaltung und Autonomie erscheint das partikularistische Moment in der deutschen Auffassung des Selbstverwaltungsgedankens befriedigt, das Bedürfnis nach einem Gegensatz zwischen der primären und einer sekundären Sphäre des öffentlichen Rechts saturiert, und wird darum in Deutschland eine eventuelle Anwendung des rein formalen Selbstverwaltungsbegriffs gegenüber der Gemeinde nicht als störend empfunden.

Es darf nicht unerwähnt bleiben, daß man das Bundesstaatsproblem, wenn auch in abgeschwächter Form auf Österreich, d. i. auf „die im Reichsrate vertretenen Königreiche und Länder“, anzuwenden versucht hat. In diesem Zusammen-

---

[1] Ulbrich, „Lehrb. d. österr. Verw.-Rechts“, S. 7.

hange wäre vor allen Jellinek[1] zu erwähnen, welcher diese Kronländer als Staatsfragmente ansieht. Die weitaus herrschende Theorie faßt jedoch die nichtungarischen Länder als einen Einheitsstaat auf mit einer weitgehenden Dezentralisation der Gesetzgebung und Verwaltung[2]. Eine genauere Erörterung dieses Problems muß im Sinne der Ausführungen der Einleitung einer selbständigen späteren Darstellung überlassen bleiben.

Kehren wir von diesem Exkurs in die Praxis zu der oben gegebenen theoretischen Zergliederung zurück, so ergibt sich zunächst aus derselben, daß es einen einheitlichen Begriff von Selbstverwaltung und Autonomie überhaupt nicht gibt. Das hat unsere moderne Theorie auch erkannt und hat daher immer mehr den Nachdruck von einer allgemeinen Konstruktion auf die Darstellung eines speziellen Verwirklichungsfalles verschoben. Alle derartigen Einzelfälle der Verwirklichung lassen sich in dem obigen System vereinen. Doch ist sicherlich keiner von ihnen weder zeitlich noch räumlich ausschließlich zutreffend. Es gibt vielmehr in beiden Richtungen Grenzen, welche die Theorie wie die Praxis nicht übersehen darf. Diese Notwendigkeit rücksichtlich der räumlichen Grenzen hat Bismarck sehr wohl empfunden, da er die Berufungen auf England als Preußens Unglück bezeichnete. „Geben sie uns," sagte er in seiner Rede vom 24. September 1849, „alles Englische, was uns fehlt, dann können sie auch nach englischer Weise regieren"[3].

[1] „Die Lehre von den Staatenverbindungen" (1882) und „Über Staatsfragmente" (1896).

[2] Ulbrich, „Österr. Staatsrecht" (1904), S. 52, ebenso „Lehrbuch des österr. Verwaltungsrechts" (1904), S. 6, ferner Hauke, „Grundriß des Verfassungsrechts" (1905), S. 35 f.

[3] „Spemanns Ausgabe der Reden Bismarcks" I, S. 85. Zu ähnlichen Ergebnissen kommt Frh. von Wieser für Österreich in seinen Vorträgen über „Recht und Macht". Leipzig 1910. S. 146 ff.

Nicht minder scharf werden die zeitlichen Grenzen zu machen sein. Vor allem wäre da die Gefahr zu überwinden, daß antiquierte Begriffe künstlich unserer heutigen Vorstellungswelt aufgedrängt werden. Aber noch mehr, es wird auch nicht zu vergessen sein, daß der jeweils geltende Begriff seine Ablösung oder zum mindesten Veränderung durch neue Vorstellungen findet.

Für unsere heutige Auffassung von Selbstverwaltung und Autonomie ist die Zeitidee des Konstitutionalismus von außerordentlicher Bedeutung. Und darum darf gerade in diesem Zusammenhange nicht vergessen werden, daß man heute bereits von einem Verfall des Parlamentarismus spricht, daß der Parlamentarismus als „keine moderne Erscheinung mehr" bezeichnet wird. „Er bildet", meint Lamprecht[1], „den Schluß und letzten Scheitelpunkt einer seit dem XVI. Jahrhundert verlaufenden, in der zweiten Hälfte des XIX. Jahrhunderts abnehmenden Entwicklung".

Dem gegenüber sagt Jellinek zwar, daß eine Ersetzung der Parlamente durch andere, bessere Einrichtungen von keiner ernstlich zu beachtenden Seite vorgeschlagen worden ist[2], findet aber schließlich doch, daß in Staaten mit fortgeschrittener Demokratisierung der Gesellschaft Institutionen zur verfassungsrechtlichen Anerkennung gelangen, die eine Beschränkung der parlamentarischen Macht in sich schließen[3]. Hält man es mit Spiegel[4] „für eine durchaus legitime Aufgabe der (praktischen) Rechtswissenschaft (und nicht bloß für eine erwünschte Nebenwirkung), dem Rechtsleben vorauszueilen, durch Bildung brauchbarer Rechtsbegriffe dem Verkehr und der Verwaltung vorzuarbeiten", so dürfen

[1] Osternummer der N. Fr. Presse 1903, vgl. Wieser, „Über Vergangenheit und Zukunft der österr. Verfassung" (1905).

[2] „Verfassungsänderung und Verfassungswandlung" (Berlin 1906), S. 71.

[3] a. a. O. S. 76.

[4] „Die Verwaltungswissenschaft" (1909), S. 200.

bei der erwähnten Bedeutung der konstitutionellen Zeitidee für die heutige praktische Auffassung von Selbstverwaltung und Autonomie derartige Symptome nicht übersehen werden. Sie dürften uns die Richtung der kommenden Entwicklung angeben.

Die Kategorien von Zeit und Raum werden also wie überall so auch hier für unsere Begriffsbildung von schwerwiegendem Einfluß sein. Wollen wir von ihnen absehen und über sie hinaus ein allgemein zutreffendes Begriffsmoment aufstellen, so könnte zur Konstatierung eines solchen folgende Erwägung führen. Alle Selbstverwaltung und Autonomie ist dadurch entstanden, daß in der herrschenden Staatsmacht nicht berücksichtigte gesellschaftliche Gewalten sich zur Geltung gebracht haben. Die durch die Anerkennung derselben seitens der Staatsgewalt geschaffenen Verhältnisse beinhalten die Schaffung einer Mittellinie, die eine allzugroße, das Ganze schädigende Einseitigkeit automatisch reguliert. So kommen innerhalb des großen Kreises ums Staatsganze kleinere Kreise zu öffentlich-rechtlicher Bedeutung, deren Radius territoriale oder persönliche Momente oder eine Kombination aus beiden bestimmen mögen. Und auch jenes von Wieser aufgestellte „Gesetz der kleineren Zahl"[1] findet auf diesem Wege seinen Ausgleich mit den in der großen Masse lebendigen Strömungen. Ein gewisses Prinzip des inneren Gleichgewichts im Staate sehen wir hier überall am Werke und darin können wir ein allgemein für Selbstverwaltung und Autonomie zutreffendes Begriffsmoment erblicken.

---

[1] s. „Recht und Macht", insbesondere 1. und 2. Vortrag. Leipzig 1910.

FSC
www.fsc.org
MIX
Papier | Fördert
gute Waldnutzung
FSC® C083411

Kolibri 360 GmbH
Ferdinand-Jühlke-Straße 7
99095 Erfurt, Deutschland
produktsicherheit@kolibri360.de

Druck:
CPI Druckdienstleistungen GmbH
im Auftrag der
Kolibri 360 GmbH
Ferdinand-Jühlke-Str. 7
99095 Erfurt